BIG LITTLE MAN

IN SEARCH OF MY ASIAN SELF

亞洲男人的美國生存紀事

普立茲獎得主的自我追尋與美國亞裔文化觀察

阿力斯・泰森 Alex Tizon —— 著

陳重亨 —— 譯

獻給梅莉莎、迪倫和瑪雅

目次

各界推薦

「作者阿力斯・泰森無所畏懼的追尋，不只要找到美國男性與亞洲的意義，同時也在找尋普世的人生價值。」

——雪兒・史翠德 Cheryl Strayed，《那時候，我只剩下勇敢》作者

「既是直白坦率的回憶，也是精闢獨到的文化研究。這本書檢視許多針對亞裔男性的刻板印象，拆穿其中的粗糙虛構。阿力斯・泰森敏銳洞察、勇敢寫作的成果，就是這本富含啟發和解放自我束縛的好書。」

——彼得・霍・戴維斯 Peter Ho Davies，*The Welsh Girl*作者

「這是歷史、記憶與和社會分析的組合，步調合宜，引人入勝⋯⋯擅長專題報導的泰森在這本書

中發揮所長，在各種相關主題和場景之間穿梭凝視，化為生動流暢的敘述。」

——《出版者週刊》（*Publishers Weekly*）

「輕靈巧妙的回憶錄和文化歷史探索，充滿啟發。」

——《科克斯評論》（*Kirkus Reviews*）

「令人讚嘆，大開眼界……既深入又廣泛的探索和研究，讓人深深感動。」

——《書單》（*Booklist*）

「泰森探索男子氣概和男性理想，坦率直白地檢視其中的轉變和多重含意，帶來深刻的啟發性及反思的契機。」

——《圖書館雜誌》（*Library Journal*）

「非常好看……這種自我教育與成長的個人敘述，對於被美式文化、美國亞裔及男子氣概所困的讀者尤其具有吸引力。書裡多元的文化傳承引發深度思考，也替亞裔男性拓出值得樂觀以待的可能性。」

——《明尼阿波里斯明星論壇報》（*Minneapolis Star Tribune*）

「美國當代文化終於出現這本大膽無畏的坦白反省與辛辣批判……作者深入挖掘和探索的寫作技巧，內容十分令人信服。他蒐羅網站、歷史文本、學術研究和社群媒體等各種相關資訊，施以嚴密而謹慎的自我反省。如此大膽的自省，使書中對亞洲男性低蔑誤解的揭露更具權威性。」

——《西雅圖時報》（*Seattle Times*）

Arthur's Note

Big Little Man

作者序

書裡寫的這些事，都是根據我們全家移民美國的過往回憶、日記、書信和種種相關文件寫成。我也盡可能與親戚朋友比對、核實過去的記憶。我們記憶中的事件經歷大致相同，但有時候多多少少有些出入，這讓我想起托拜爾斯・吳爾夫（Tobias Wolff）所說：記憶也有自己的話要說。

我十六歲就開始寫日記，這對回溯記憶有很大的幫助。但本書最大的資訊寶藏，其實來自我媽媽的日記。書中提到她的篇幅不多，遠遠及不上她極為不凡的一生，和她給予孩子的深情厚愛。她天天寫日記，足足寫了五十二年，直到一九九九年逝世。離世後她把日記留給我：滿滿的兩大旅行皮箱。她記下每日的天氣、三餐、對話、日常瑣事、偶發事件、不愉快的事、心中所思所感、經歷的每一次委屈，以及關於孩子的一切，描述之細膩與深入超乎我的想像。她記下家裡的每一筆收入和支出；記下家人每一次生病；記下她跟我爸爸每一次做愛的時間，甚至打星星評分。日記本會貼上字條追加補充，有幾年甚至一年就寫了兩、三本。

她的日記常常引用書信和文件，家裡也收藏了好幾箱。由於這類東西愈積愈多，我們家的空間需求也就愈來愈大。現在回想起來，寫日記和蒐集資料文件，應該就是從她那裡學來的吧。除了日記、文件和各種紀念品之外，她還蒐集了一百八十八本相簿，有些甚至厚達五到八公分，而且每張照片背後都註有詳細的說明。對我們全家來說，這些相簿本身就已是非凡的紀錄。

雖然書中某些段落像是新聞研究和採訪紀錄，但更多時候是一連串的反省與思考。我希望在忠實描述外部事件的同時，也能清楚記錄內心最深處的追尋歷程，然而某些轉變經驗並沒有明確的開始和結束時間，要如實詳述實在不容易。為了使敘述不致太過龐雜，第一章寫到的麥克坦行程，其實是把前後兩次合併為一；許多塔加拉方言（Tagalog）的對話，我都翻譯成英語；而某些章節的人物，我改換姓名或省略他們的姓氏，以保護當事人的隱私。書中我引用許多別人的心得，尤其是某些作家、學者的專業知識，他們的作品幫助我理解那些我完全不熟的歷史事件和科學發展。

關於本書設定的恢弘主題，我所能述說最真實的故事，就是我自己的故事。雖然有時採用不同的寫作模式，偶爾大發議論，但我並不是在為其他任何人代言，而是以自己的經歷作見證，也希望喚起別人的共鳴，尤其是那些至今仍在尋找自己語言的人。

Chapter 1

Killing Magellan

刺殺麥哲倫

是誰半夜來敲門？

——D・H・勞倫斯（D. H. Lawrence）

二十九歲那年，我搭飛機到菲律賓的宿霧島探查一場戰鬥。抵達時是個悶熱的早上，我提著隨身行李，裡頭只裝著幾本書和一些衣物，看到第一輛停下來的計程車就把旅行袋扔進後車廂。這輛白色的爛車，車門漆著紅色書寫體：「愛情娃娃專車」，底下有一個電話號碼，旁邊一排比較小的字寫著：「極樂園舒適運輸」。那名司機叫巴比。接下來的兩個早上，巴比都會跟我請安問好：「早安，阿力斯先生。」

「不必叫我『先生』。」我會這麼回答。

「遵命！先生。阿力斯先生。」他也會這麼跟我確認。

他可不是故意搞笑。巴比做這些事就像一個

敏捷迅速的機器人，臉上在適當的時候掛上適當的笑容。他看起來彷彿熱切地提供服務，卻同時又帶有一點距離感，似乎沒興趣對我進行真正的接觸。我在他身邊從沒感到輕鬆過——我想跟他做朋友，但他想成為我的僕人。我後來才知道，他這種態度是菲律賓所有服務人員的標準範本，一句話裡說兩、三次「先生」並不算過分。歷經四百年的殖民統治之後，這種慢性的諂媚奉承已經滲入民族性格裡。巴比是個老菸槍，一根接著一根，難怪眼白漸漸染成像蠟筆那樣的紅色。他的頭髮油膩膩又剪得怪裡怪氣，髒兮兮的指甲長得可以彈吉他，那副樣子並不是很雅觀。不過反正我在這裡誰也不認識，況且還有那麼多其他東西在眼前等著我去看，也就不太在意。

宿霧是菲律賓的大島之一，屬於中部的維薩亞斯群島，是個滿布砂土與森林的狹長島嶼。從空中鳥瞰，就像一個人從高台跳進海裡的側身剪影：北方朝上的腳尖到南方朝下的指尖，約一百九十三公里；而身體最寬的地方約四十公里。如果說這名跳水選手是面向東方的話，那麼島上首府宿霧市就位於他的肚臍附近，也就是巴比第一天接我的地方。離開機場的車程耗了一個小時，交通就是塞、塞、塞。

「愛情娃娃」送我去飯店，在擠得像迷宮似的街區左穿右繞，路上衣著清涼的棕色軀體人擠人，看起來就像一道流動的人河。我們這輛車吱吱嘎嘎地爬上了狹窄街道，兩旁店鋪小攤東倒西歪，鐵皮波浪板歪七扭八，鏽蝕斑斑。剛宰殺的羊掛在鉤子上，嘴巴開開滴著血水。一些穿著短褲和拖鞋的婦女，頭上頂著裝滿水果的籃子從旁走過，幾個小孩邁開小短腿繞著她們跑來跑去。我搖下車窗，馬上被一股臭味嗆得快喘不過氣來，那是什麼味道？汗味？一股辛勞疲累的味道。偶爾吹來一陣海風，讓人想起濕潤的沙灘和棕櫚樹。還有不知道什麼地方傳來的芒果香。

這些對我已經美國化的感官來說都是全新感受，彷彿登上一塊過去還未曾被發現的新大陸。但我其實不是第一次來到這裡。我的血液中混雜著馬來人、西班牙人和華人的血，跟街道上的那些群眾源自同樣的血緣。我四歲的時候，被父母帶往美國，那個地方可不太瞧得起低聲下氣、卑恭屈膝的人，好比一句話裡要講三次「先生」這一種。我知道巴比這種人，因為我心裡也有一點點巴比的影子，但我不喜歡這副模樣。成為一名美國人表示我必須痛恨那種卑恭屈膝、低聲下氣，把他從我的靈魂中驅逐出去。變成一個美國人可真不容易啊！但我覺得自己大致上做得滿成功的。

但我不會是「徹頭徹尾的美國人」，永遠不可能。大多數人想到美國人的時候，不會是像我這樣的人。連我自己都不會。說來你們可能不信，但我這一生有好幾次照鏡子時，會被鏡中那個看過來的人嚇一跳。待在家裡一整天可能覺得很舒坦，可是只要一瞥見鏡中倒影就會像腦後挨了一巴掌。**喂！你不屬於這裡**。當然在美國長大的那幾年，不管是朋友或陌生人、故意或無心，人們時常在我身體裡插進一把隱形但鋒利的剃刀，讓我意識到自己在這裡是個外人。

我想起一九七〇年代全家人住在紐約布隆克斯區時，我在第七十九號中學遇見的一個同學。那間學校就在廣場大道附近的一八一街，五層樓的磚造建築，窗子全部裝上鐵窗，咚咚作響的昏暗樓梯間大概就跟後街暗巷沒兩樣。有些樓梯暗間原本就不可以自己一個人闖入，但我初來乍到，根本不曉得。某天下午我就闖進那種樓梯間，突然有隻張開的手，硬生生地阻在我胸口，把我擋下來。那手的手指頭長得不可思議。

「你他媽的本來是什麼啊？」手的主人說。

「啊……？」我結結巴巴地開口。

「你是聾了嗎？小子。我說，你本來是什麼？」手的主人是個又高又大的黑人——喬伊．韋伯，他在我們七年級裡年紀最大、塊頭也最大，算是男孩中的男人，渾身肌肉像岩石般凸起。他死瞪著我，像是傳達讓我見識世界末日的暴力保證。「你是支那清客？墨西乾？還是什麼？」

這間學校的學生大部分是黑人、波多黎各人和其他拉丁裔，只有少數幾個白人和極少的台灣人和中國人。我是學校裡唯一的菲律賓人，很多學生跟喬伊一樣從沒見過菲律賓人，也根本不知道菲律賓是什麼，所以我就跟他解釋我是什麼。

「你看起來是不像美國人，娘炮。」他說。等我把口袋裡的零錢給他，他才放過我。不過我後來也漸漸知道他真正為人如何。你要在學校走來走去，就得付些過路費。可愛又恐怖的喬伊．韋伯。後來我們英文課坐隔壁，考試的時候在我的默許下，他會抄我的答案。入學六個月後，他覺得我這個人還算可以，就變成我的朋友處處罩我。下半年，我在同一個樓梯間又被另一個孩子堵上，喬伊瞪著那雙兇殘的眼睛，長長的手指慢慢地攢成拳頭，讓那個孩子知難而退，退回他出現的暗處，再也沒找過我的麻煩。

但喬伊問我的那個問題，其實我早就碰到很多次了，只是別人問得比較婉轉含蓄而已。**你本來是什麼？**你是從地球的哪個地方來的？你是什麼人？鏡子裡那個人是一杯咖啡加上兩匙奶精的顏色。寬寬的臉龐、黑頭髮，黑到有時像是藍色。眼睛是棕色的橢圓形，塌鼻子、厚嘴唇。這張臉可以跟我那天早上從愛情娃娃專車後座看到的許多張臉自然地融合在一起。

我到宿霧的第二天，巴比在預定時間到達我的旅館，嘴裡叼著菸。「先生，早安，先生。」那根菸上下抖動著。

從彎彎曲曲的山路開下來，穿越市中心，他知道我要去哪裡，所以我們沒多說話就開車上路。萬里無雲的炎熱早晨，商店和小吃攤剛開始營業。愛情娃娃在車陣中穿行，經過五顏六色的吉普尼（Jeepneys），車上滿滿的乘客從沒有玻璃的車窗向外窺視，幾輛大巴士經過，留下一股股濃厚黑煙。大車之間，摩托車和三輪車鑽來鑽去。所謂的「三輪車」其實是帶著加頂附座的摩托車，但它其實跟計程車一樣，可以載一個人，也可以載二十人，端看你願不願意彎腰疊進去。在我們經過的一輛三輪車上，就載著一整班的年輕女孩。她們的格子裙在風中飄啊飄，你的、我的、大家的手和腿纏繞在一起，緊緊抓住車子的各個地方：車座上塞了五個，車頂上擠了四個，司機後頭掛了三個，還有三個坐在後方的保險槓上。我偷偷拍了張照片，保險槓上的一個女孩對我扮鬼臉。她一定在想：這有什麼好拍的。

不過我可是拍得如癡如醉。這是我們全家離開二十五年後我首次回到亞洲。拍照至少給我一種吸收眼前所見的的感覺，好像在跟我保證，這些影像都會保存在一個安全的地方，等我心情恢復平靜後隨時能拿出來仔細端詳。也許這些影像可以幫助我想起那些我已經忘記的事情。相機已經變成我身體的延伸，成為一種感官吸納接收任何事物。有太多的資訊需要處理，有太多的刺激需要回應，在那輛計程車的後座，我獨自上演著澎湃的內心戲，久久讓我啞口無言，腦子幾乎一片空白。

愛情娃娃跨越狹窄的鐵橋，從廣闊的青灰色水面飛馳而過。對岸像塊漂流木的地方是麥克坦島（Mactan Island）。我們開過鐵橋，穿越小島的中心區域，經過一些攤商群聚的村落，從青蛙皮錢包、椰子殼胸罩到手工精製的桃花心木烏克麗麗都有賣。接著我們開上一條直直的道路，朝東海岸的淺灘區前進。前方路中央有個老人彎腰前行，背上掛著十幾把吉他，全用一條細細的藍色尼龍繩串在一起。巴比的手腕輕輕一扭，車子以每小時一〇五公里的高速呼嘯閃過，繞過小販時他嘀嘀咕咕說著什麼，嘴上香菸又上下抖動，語氣突然不再那麼卑屈。

車子在一叢孤立的灌木旁慢慢停下。巴比又點上一根菸，我茫然地看著他。他吐出一大口煙，假假地笑了一下，嘟著嘴朝某個方向比了比，彷彿這樣能比鼻尖指得更遠。我這才意識到他原來是在說麥哲倫紀念碑，從遠處看去就像個孤獨的灰色衛兵。「在那裡，阿力斯先生。」完全不嘮叨。我決定下車看看。

空氣聞起來像是退潮後的氣味，又有一絲燒炭味，不知道是哪裡的燒肉在火炭上滋滋作響。遙遠的車聲融進這些島嶼的寂靜潮聲。我到這裡的目的就是要看這個。鐵欄杆裡的紀念塔十二公尺高，由石頭砌為三層，最上面是細長尖頂，像是古老教堂的頂部。凹凸不整的石面縫隙長著雜草。我站在大門邊凝視尖頂，又看看四周空蕩蕩的海灘，隱隱感到意猶未盡。

大約五百年前，這裡發生了一場戰鬥，在我前半輩子，這場戰鬥總在腦海想像的角落朦朧發亮。這是我一直渴望親眼目睹，就近觀看的一場戰鬥。交戰一方是膚色雪白、蓄著鬍鬚的男人，他們戴盔披甲、手執長劍鐵矛；另一方則是那些長得比較像我的黑頭髮、黃皮膚男人，身體結實、肌肉發達，幾乎什麼也沒穿，武器是竹子和石頭做的。除了勝利者是那些長得像我的人以外，我實在也講不出，站在五百年前戰鬥的這個地方、感受腳下同樣的沙子，所有這一切對我的重要性到底是什麼。

我曾經認為像我這樣的人在競爭中是贏不了其他男人的。像我這種亞洲黃皮膚子孫的男人，抵擋不了西方男人的力量；那些白皮膚的神跨進歷史，征服他們在路上碰到的每一個人。亞洲男人長得又小又弱，很容易被打敗。他們打輸了戰爭，讓自己的國家被征服、被支配，讓自己的女人哈洋腸變成妓女。亞洲男人別無選擇，面對西方強權，他們軟弱無力。

那份軟弱飄洋過海，跟著遷移到新土地。在我長大的美國，亞裔男是最低等的男人。在政壇、大企業和體育界等超高睪固酮領域，他們都變成了隱形人。在電視和電影裡的形象更是比隱形人還要糟糕！總是讓人尷尬不已。我們這種人很丟臉。電影裡面的亞裔男簡直跟廢材差不多。他們都是一些臨時演員。在大家拚命落跑的逃命場面中，亞裔男演得最好。他們當然不會扮演強大的男主角，因為根本就沒有強大又性感的亞裔男。在公開的性感度調查中，也根本沒人提起亞裔男。他們光禿禿的，沒毛、沒激情、沒老二，都是些矮小的奴才家僕。

凡此種種構成了一則神話，而因為它幾乎不言可喻，所以也就更有影響力，根本沒有說出來的必要。在我成長的歲月中，有很長一段時間我並沒有把它當作神話，而是看作一連串似乎能在日常生活中證實的合理猜疑。我不能說這到底是誰的錯，彷彿就是憑空出現的一種教育。學校根本不必教，因為在課堂上，除了作為需要被拯救的受害者（菲律賓人、南韓人、南越人）、必定失敗的狡猾敵人（中國人、菲律賓人、日本人），或者是頑抗到底、傷亡慘重的敵人（北韓人、北越人），亞洲人根本不會出現在歷史課上。在亞洲耀武揚威的西方人自拉自唱、搬演一己夢幻的舞台，那些亞洲人只是偶然闖入的路人甲。我一直到高中畢業的時候，還說不出東亞有哪些算是好人的傑出偉大人物。

不可否認，受我家那種流浪般的生活方式影響，我受的教育斷斷續續，所以有幾年的學習成績非常差；但我四處飄泊時碰上的一些好學生，對東亞和東亞人的了解卻比我還無知。到處都能看到亞洲人從事家務工作和體力勞動，都是一些別人不想幹的工作：他們在餐廳廚房戴著浴帽髮套洗碗、洗盤子、倒垃圾，確保垃圾不會滿出來；他們是採蘋果、挖水溝的工人；躲在血汗工廠後面的密室或地下室，像螞蟻般埋頭苦幹；在屠宰場對著咕嚕作響的豬隻手起刀落，穿著雨衣掏洗內臟送進鬧轟轟的攪拌機；他們在飯店和醫院換床單，為那些事業做很大的人掃街道、耙葉子。我在美國四處流浪看到的亞洲人，大部分都是園丁、女裁縫、開洗衣店的、看門當警衛的，負責清理別人的骯髒污穢，要不斷地哈腰鞠躬，以某種叫人家「先生」的方式過活。

由於這個亞洲男性的神話深深烙印在心底，我十幾歲的時候聽到電影《蝴蝶君》（*M. Butterfly*）的宋麗伶說：「我是東方人。既然是個東方人，就永遠不會是個真正的男人。」雖然感到屈辱，也只能閉上眼睛把這句話吞下去。

不過我也知道那些都不是真的。在我身體的某處，就像層層掩藏之下的一個微粒，我知道這個神話完全是假的。因為在生命中的許多祕密時刻，我可以在自己的內心深處感受到一股剛硬似鐵的堅定，我在爸爸和兄弟的身上也看到同樣的東西。這份堅定曖曖含光地召喚著我。現在回想起來，我知道自己需要更多證據來支持這個案例、來餵養心中的祕密希望。

十四歲那年，我開始蒐集那些檔案。除了我腦子記住的某些資料，也有一些實體的檔案夾，裡面收藏一些用簽字筆寫上大大的標題如「東方大人物」、「新聞中的亞洲人」或「東方人與亞洲人」等分類檔案。每當我找到跟亞洲人有關的材料，尤其是跟種族、男性氣概、權力和性別有關的資料，我都會做一份筆記，然後把它們收在一個特別的檔案夾裡。我從報紙和雜誌剪下或影印相關報導和文章，從書裡撕下材料。那些檔案夾漸漸變得又厚又重，還衍生出更多檔案夾。這些收藏後來塞滿了破爛紙箱，當紙箱再也裝不下時，我跟我媽從車庫拍賣買回兩個大鐵櫃。這兩個鐵櫃，一個灰色、一個黑色，現在併排站在我家車庫，就像兩座模型辦公大樓。

「那裡面是什麼啊？」我其中一個妹妹問。

「文件啊。」我含糊地回答。

「什麼的文件？」

「絕對機密。」我說。這很難解釋。

事實上，我很久沒對人說過。這些文件是關於我的內在自我、近乎精神性的調查證據，找不到適當的名目標題。就像黃蜂蒐集土塊和雜草，在我們的房子旁邊築巢，這是它們的本能行為。有一種我自己也說不清楚的緊迫感，讓我持續不斷地蒐集那些資訊。好幾年以後，我才明白蒐集這些材料是為了安慰自己心中那份找不到出口、難以緩解的祕密。我不是在蓋一幢房子或築一個巢，而是想要打造一把鑰匙，一把可以打開歸屬感大門的鑰匙。現在我知道這把能解釋所有困惑的鑰匙並不存在，但我可以從那些鑰匙孔裡找到一些線索。在我讀高一的時候，湯姆森先生的社會研究課上就出現過一個鑰匙孔。

湯普森先生是我們學校的樂隊老師，在我就讀奧勒岡州東部那間小學校的兩年，老師們通常身兼數職，一個人要負責兩、三種課程，連自己不會的科目也教。湯普森先生矮矮胖胖的，臉色紅潤，藍色雙眼閃閃發亮，他的社會研究課程就按學生自己喜歡的方式來進行：他讓我們自由討論，自己則幾乎不發一語。我們會從一個箱子裡拿出五顏六色的卡片，唸出上頭的文字，然後回答幾個簡短的問題，這些都由學生自己進行。通常這堂課也是我們塗鴉、寫筆記或打瞌睡的好機會。

某天下午，在名為「偉大探險家」的主題討論中，我抽出一張葡萄牙探險家費迪南德·麥哲倫（Ferdinand Magellan）的卡片，他掛著西班牙國旗進行全世界第一次環繞地球一周的航行。卡片上說，這位「船長將軍」的任務只完成一半。他在東南亞的一座小島（現在被稱為菲律賓群島）停留，最後因為跟島上原住民發生衝突而被殺。我在一張便條紙上寫下：「**麥哲倫在菲律賓——小衝突**」，旁邊畫了個簡單的火柴人，眼睛打兩個叉叉。後來那張便條紙被我塞進一個打了大問號「？」的檔案夾裡，很快就被遺忘。

四年之後，我又看到那張便條紙。那時候我才剛進大學，住在奧勒岡州的尤金市，那是個工廠工人和藝術家混居的社區，還聚集了一些所謂離經叛道的學生（後來才知道有陣子別人也這麼說我）。聖誕假期我開車回家探望家人，在我媽的車庫（當時我爸媽已經離婚）翻出一些亂七八糟的東西，看看有什麼可以帶走。就在堆得高高、彷彿比薩斜塔的幾張橘色理容椅後面立著我的大鐵櫃，自從我留下它們後就再也沒人動過。我拉開那些抽屜看了一下檔案標籤，想起我在學校可能需要一些檔案夾，所以隨手抓了幾個出來翻一翻，看看有哪些資料可以扔掉。那個標上問號的檔案夾裡的大多數資料都被我扔掉了，但為了某個我也不知道的原因，我決定把那張火柴人小紙片折起來塞進錢包。又過了幾個月，直到某天晚上在一陣睡眼惺忪的倦怠感中，在奧勒岡州立大學的騎士圖書館書庫裡，我抽出那張紙條，瞪著上頭的塗鴉。

書桌上有幾頁初級代數的方程式在等著我，而我手上是那張小紙片。最後那張小紙片贏了。那天晚上我找出好多關於麥哲倫的書，翻閱記載他死亡的描述。我發現他的死因可不只是一場小衝突，參加那場戰鬥的原住民大概有一千五百人，由一位叫做拉普拉普（Lapu Lapu）的頭目所領導，關於這個人到底是誰幾乎沒人記錄。那學期我的代數當然就不及格啦，但在圖書館寂靜角落翻書的那個夜晚讓我靈光一閃：我必須到麥克坦島看一看。

時間又過了十年，機會來了。當時我在《西雅圖時報》當記者，某天下午我認識的一位菲律賓裔老師——明利中學的葛羅莉亞．亞當斯（Gloria Adams）打電話找我。葛羅阿姨總是讓我想起我媽，從我們認識的那一刻開始，她對我就像是我在她家住了十八年，昨天才剛離開的樣子。

「你一直都說你很想去，現在我們要走了，你一定要來。」她堅決地說。

「這樣通知我也太趕了吧！葛羅娣達。」（「娣達」是菲律賓塔加拉語的「阿姨」。）

「說你正在準備寫一篇報導嘛……」

「要寫什麼？」

「還問寫什麼？就是一群菲律賓裔美國老師回到故鄉，跟菲律賓當地的老師一起交流啊！這就是文化交流嘛。聽起來怎麼樣？很棒吧！這是人文主題。你總該寫一篇正面積極的報導吧。你一定要來。」

明知這個藉口大概不會成，我還是跟主編提了一下，結果我的話都還沒說完，她就說：「我覺得你應該去。」主編說，我們《西雅圖時報》一直希望能報導更多不同族群的民眾，不能光做罪犯和運動員的題材。

三週後，我跟葛羅娣達及她的同事一起搭乘大韓航空班機飛過太平洋，前往那個我過去只透過聊天、照片和文字描述來捕捉破碎想像的國度。表面上說是為了寫專題報導，但其實我有自己的祕密使命。我的行李箱塞了四本關於麥哲倫偉大航行的書，其中一本夾著一張泛黃紙片，上面畫著一個死掉的火柴人。和那些老師一起待了兩週後，我一個人飛往宿霧島，飛機降落後沒多久就遇到那個成為這趟旅程非正式導遊的人。

回到愛情娃娃專車時，我發現巴比睡著了，嘴邊還叼著一截菸頭。我沒叫醒他。車後座的背包有麥哲倫的書，我從搖下的車窗伸手抓出袋子，又走去紀念碑那邊。我在一棵小小的棕櫚樹旁找到一張長椅，頭頂上的樹葉剛好為我遮陽，我坐下來把書中的戰鬥描述讀了一遍。

那時候亮白炙熱的太陽已經升到天空正中央，四處傳來孩子們的叫聲。沙灘上有一對菲律賓男女光著腳漫步，兩人手牽手。她穿著長長的白色連身衣裙，隨著步伐飄蕩。他的頭髮幾乎和她一樣長，一根手指勾著他們的拖鞋。她低聲對他說了些什麼，他親蜜地撞開她，但還是緊緊握著她的手。她又蹦回他的懷裡，臉上滿是期待的表情，細長的脖子靠在他身上，又低聲說了些什麼。他們身後的大海漸漸融進陽光裡。

入侵者長得一定就像我夢中看到的那樣，彷彿一場噩夢：身穿鐵皮的人體，枯瘦憔悴的臉上留著長長的紅色鬍鬚，難以理解的雙眼帶著恐嚇威脅。他們拿著盾牌、刀劍和長矛，全是島上居民從沒看過的東西。這些襲擊者只有五十個人，但他們以萬夫莫敵的姿態走向沙灘。隊伍前頭是個比其他人更矮更黑的人，走路雖然一跛一跛，但他面容平靜，嘴角帶著冷笑。島民大概憑直覺就曉得他就是那個叫做麥哲倫的人。

「現在來看看西班牙獅子如何搏鬥！」在登陸艇靠岸、走向沙灘之前，麥哲倫這麼說。仔細看，好好學。看我們怎麼痛宰那些**印度人**，聽他們哭喊慈悲憐憫，但我們一個都不饒！

麥哲倫那邊的人也不是個個都像他那樣自信滿滿，也有些人覺得其實無須動武，這麼做簡直太愚蠢。島上的地形地貌他們根本不了解，什麼狀況都可能發生。但當時在歐洲有許多人以為環繞世界一周的想法很蠢，而麥哲倫正因為遭受這種種懷疑才更是興致勃勃、渾身帶勁。他以這次航行博得自己的名聲，也累積了許多財富。他的摩鹿加艦隊穿越兩大洋，歷經饑荒與疾病的衝擊，在尋找香料群島航道的過程中，和許多地方的部落土著發生暴力衝突。香料群島是個神話般的地方，如果能把島上香料納入皇家掌控之中，西班牙就會變成全世界最富有的國家，而麥哲倫也將獲得凡人難以想像的富貴和名聲。離開塞維利亞（Seville）這十八個月期間，艦隊登上許多個像這樣的島嶼，憑著轟隆作響的大砲征服每一個原住民部落。這就是他們日常工作的一部分：看著原住民在轟隆爆炸中哆嗦顫抖，然後再向他們頌布天主福音。

所有原住民都投降了，除了拉普拉普和他的部落。拉普拉普給麥哲倫送去一個訊息，說他的人民，也就是麥克坦的原住民絕不屈服。麥哲倫發誓要掀起聖戰，為了表示自己沒在開玩笑，他派出一支先遣部隊燒毀拉普拉普的一個村落，數不清的麥克坦原住民慘遭大火燒死。接著在一五二一年四月二十七日的黎明，麥哲倫帶著六十名士兵和幾百個原住民盟友，浩浩蕩蕩地駛向麥克坦，準備完成這項工作。當他們靠近麥克坦時，麥哲倫又派出一位使者向拉普拉普勸降：「你只要服從西班牙國王，認天主是你們的至尊統治，納貢獻金，我就是你的朋友。要是不從的話，就等著看看我們刀劍長矛的厲害！」

拉普拉普也叫那個使者帶回自己的訊息：「我不會向任何國王屈服，也不向任何權力納貢獻金。我們的勇士也有長矛，是用結實的竹子製成，火烤加硬。我等你們隨時到來！」

於是麥哲倫展開攻擊。他的士兵划向麥克坦，發現那座島的岸邊非常淺，大船只能停在八百公尺外的海上。這時候麥哲倫命令原住民盟友留在船上，好好觀看西班牙獅子如何搏鬥，然後挑出四十九個全副武裝的士兵，開始涉水前進；遠方閃閃發亮的大船輪廓是守候岸邊的麥克坦原住民從沒見過的景象；而當襲擊者看到拉普拉普的大陣仗，頓時也備感威脅。

那名肌肉虬結、身材瘦削的男人，肩上披著黑玉般發亮的頭髮，半身紋有太陽和三角形圖案的花紋，頭目拉普拉普當時大概三十五歲，已經是個堅強的勇士。他和他的部落都曾經和婆羅洲掠奪者和摩鹿加群島的海盜作戰，這群勇士年紀大到足以投擲沉重的長矛，拉普拉普本人更是驍勇善戰。整個維薩亞斯群島都知道他是不可掂量的可怕人物。當麥哲倫帶著手下涉水走向海岸時，拉普拉普的勇士也舉矛向天、叫囂怒吼，衝向淺水灘迎戰侵略者。

戰鬥展開的瞬間，讓歐洲人感到驚訝。他們本來以為要到陸地上才會開始交戰，他們穿戴的盔甲在陸地上才能發揮優勢；困在淺水中，那一身鐵皮甲反而讓他們動作遲緩，難以施展。兩軍在淺灘上展開肉搏，隨著戰士一一倒下，海水轉眼殷紅。經過一個多小時你殺我砍，戰線幾次前後推移，麥克坦勇士的數量和兇猛漸漸壓倒了對手。

「他們向我們射出許多箭，投擲那麼多竹矛和石頭，我們幾乎抵擋不住。」艦隊記錄員安東尼歐．畢加菲達（Antonio Pigafetta）如此寫著，他當時就是上陣的戰士之一。

歐洲人被推回較深的水域，麥哲倫下令撤退。當他的手下踉蹌逃回船上，他自己還留在水中繼續戰鬥。隨著西班牙人逐漸減少，落後的幾個人可再也抵擋不住了。轉瞬間麥哲倫連續遭受幾次嚴重攻擊，先是一支毒箭射中他的右腿，左腿又吃了一刀，接著頭盔挨了一塊大石頭，然後突然間一根竹矛猝不及防地刺進臉部。西班牙人驚恐地看著他們的船長將軍在勇士面前倒下。畢加菲達寫下：「他們馬上舉著鐵矛、竹矛和彎刀衝過去，殺了我們的明鏡、我們的陽光、我們的安慰、我們的精神嚮導。」

僥倖逃過此劫的西班牙人退回宿霧島，但在那裡他們遇到更多暴力攻擊。之前停留在島上的時候，歐洲人太放縱自己對原住民婦女的欲求，肆無忌憚地對當地男人耀武揚威。宿霧人是很害怕歐洲人的武器，但麥哲倫敗在拉普拉普手裡的耳語很快傳遍全島。歐洲人瞬間被貶為凡夫俗子。一些膽子比較大的宿霧勇士下圈套設宴款待倖存的歐洲人，酒酣耳熱之際翻臉奇襲，又殺了二十七個人。剩下的那些船員好不容易才逃回船上，差一點全軍覆沒。他們隨即啟程西行，又過了十八個月才完成這個首度被記錄下來的環球航行，但犧牲著實慘重。摩鹿加艦隊離開西班牙時是五條船和二百三十七人，三年後只剩一條船載著十八個面容憔悴、疾病纏身的倖存者回來，誰也說不清他們船長將軍的遺體到底流落何方。

我把書扔進後座，驚醒了在放倒的椅背上睡得很沉的巴比。他馬上直起身來，還不曉得我已經坐在他後頭就開始摸索鑰匙。我輕輕拍一下他的肩膀，叫他開車。

「好的，阿力斯先生。」他脫口說道：「要去哪裡呢？先生。要去購物中心嗎？先生。」

「回飯店吧。我的事都辦完了。」我說。

「你確定嗎？先生。你還有一個小時喔，先生。」他說。我們原先約好三小時的行程。

「不用了啦，我累了。麥哲倫把我累壞了。」我說。

「好的，先生。阿力斯先生。」他說。

「你一直先生、先生地叫，我可不會太懷念啊，巴比。」

「是的，先生。」他說，愛情娃娃開始倒車，差點撞到一群路過的年輕男人。那群年輕人輕輕鬆鬆地在車子四周跳開閃躲，就像流水繞行岩石一般。厲害啊！我想著。在這個陌生的世界，有著不一樣的規則。如果在美國，巴比的莽撞大概會引來一陣咒罵和中指回應，說不定引擎蓋還會吃上幾拳。但是這些年輕人根本不看巴比。就我所知，這裡的道路規則是：大車當道！行人和流浪狗要自求多福。

第二天我搭機離開宿霧，灰雲飄越島上。在馬尼拉稍事停留，我收拾好其他行李，就又搭上另一架飛機長途飛越太平洋，返回西雅圖。直到我們飛到雲層上方，面對一塵不染的蔚藍晴空，我才在座位上放鬆下來，慢慢地吐出一口氣。我拿出一大疊剛剛洗好的照片，懶洋洋地翻看，心底感觸五味雜陳。

以前我一直以為造訪麥克坦會是此行的亮點。多年來我反覆閱讀那場戰鬥的紀錄，想像五百年前那個海灘上的早晨的樣子，我在麥哲倫紀念碑旁繞來繞去，以各種不同的角度仔細端詳研究。立碑處就是船長將軍倒下的那片海灘，我試著想像那些剝掉他鎧甲和衣服的手，一千五百張嘴呼喊著勝利的怒吼。

我站在大門口等待人潮湧現，校車會在停車場卸下人群，穿著制服的孩子在紀念碑旁邊圍了一圈又一圈，這是有史以來最有名的探險家的墓碑啊！但他們都沒出現。後來有人告訴我，那裡一向人不多。麥哲倫紀念碑可能是偉大探險家之中最寂寞的墳墓吧！我心裡有一部分隱隱覺得，這個狗娘養的渾蛋其實咎由自取、死有餘辜：妄想征服原住民，最後蒙受羞辱和恐怖的死亡，後來在西班牙也被人瞧不起，最後只落得荒涼泥土上、孤寂紅樹林中的一座紀念碑。

看看西班牙獅子如何搏鬥個屁！這本來是我想說、我要說的，但看著那些悲傷的灰濛濛碑石，我心底那股怨恨突然煙消雲散。我原先等待著一種勝利的欣喜，一位亞洲勇士總算在這裡打贏了！就像是一九一〇年內華達州沙漠上的歷史一戰：傑克．強森（Jack Johnson）在重量級冠軍賽上打敗吉姆．傑佛里斯（Jim Jeffries），美國黑人欣喜若狂。

但拉普拉普的勝利並未帶來我心中期待的欣喜或安慰。我內心深處的確有一個聲音低聲贊同，同時卻又覺得自己模模糊糊地擺脫那個不知不覺間背負已久的想法，以為當面給誰一刀、砍殺對方的身體才是男子氣概的終極證明。不管我能感受到多少勝利的欣喜，都是短暫而脆弱的，就像沙灘上呼呼海風中搭起的紙牌屋。也許勝利感就是這麼纖弱的事物，一碰上什麼人、什麼事馬上又被徹底擊倒。

總之，我從我的麥克坦探險走出來的時候，帶著一種游移不定的思考，覺得自己過去認定血氣方剛才是真男人的想法需要重新錨定。很多年輕人可能在更早之前就已領悟到這一點；但我現在才知道，自己的內心也許屈服在一種建立在種族之上的羨慕或嫉妒，那祕密探索只是想減輕自己的自卑感。也或許這一切都跟亞洲人的男子氣概無關，只是我個人的事情而已。

這樣的摸索探查進行一段時間後，我才搞懂自己在幹什麼。這一切行動都不是很有組織安排，甚至觸發動機連我自己都搞不清楚。就像在黑暗中摸索，想要拼湊出什麼新東西一樣。我想拼出那個三度空間的拼圖，但是連張完成圖都沒得參考，根本不曉得它長得什麼樣子。不過最終，那一張張圖像開始漸漸浮現。我在書裡、在聊天室和咖啡館；在會議、演講廳中；在撞球場、在後巷和酒吧裡碰上許多男男女女，他們都在為自己的拼圖而努力，同時也幫我找到這邊或那邊的一塊。當這場探索結束時，我同時感受到令人驚訝的希望，也有冥頑不退的懷疑。心中浮現的圖像一直不斷在變化，每年都不一樣，甚至就在我說話的當下都在改變。

我翻到海灘上那對情侶的照片。他們彷彿遺世獨立，只沉浸在彼此間的那一刻。不知道他們是否也曾經有過這種疑問，他會不會懷疑自己是不是真的男人，或者她有沒有懷疑過他的疑問。**你只是在錯誤的大陸上長大啦！**大學時有位朋友喝醉時曾經這麼對我說，這句醉話卻顯得饒富深意。我們都笑了。也許他說得沒錯。我把那些照片放到一旁，彷彿數天來第一次閉上眼睛，醒來就到美國了。

Chapter 2

Land of the Giants

巨人家園

然後穿越了
消融在另一邊

——李威

我心底的羞愧感是怎麼來的呢？現在回想起來，大概可說是從「愛」開始。喜愛那些一生富裕的人，幻想過他們的生活；喜愛美國，和由此衍生的種種想像：那些金色觸手伸過太平洋，捧裹著生活在棕色世界的小小棕色人的心。這種幾乎是崇拜的愛，像我爸媽那種抱著美國幻想長大的人感受最為強烈。但是這份愛可把我們都害慘了。

我們一家在一九六四年抵達美國，那時這片夢想之地才剛開始進入動盪期。五個月前，英俊而有魅力的總統在達拉斯遭暗殺者開槍爆頭，那時候他跟他美麗的太太正坐在林肯敞篷大轎車上。那個叫做越南的遙遠地方，戰爭影像漂洋過海在電視螢幕上躍動。不久之後，某些城市開始騷動，大學校園示威抗議，憤怒的群眾為了一些我們無法理解的問題上街衝撞。民權運動？這是什麼啊？「你們這些人！」我記得爸爸對著電視嚷嚷：「你們什麼都有，還在不高興什麼啊？」剛到美國那幾年，他常常這麼覺得。他說的是美國人，尤其是美國白人。我爸媽認為白人和美國人是一樣的，「white」（白色的）和「American」（美國的）兩個詞彙可以交換使用。

我們嘛，則什麼也沒有。我們搭乘泛美航空飛越太平洋，所有的東西都裝箱打包。我爸媽舉債借錢才能來到美國，而借錢也成為他們永難逃脫的生存方式。當然，當時他們以為這只是不可避免的臨時措施。一旦在這個偉大國家重新站穩腳步，他們就有錢還債，走上富裕和幸福之路。我爸媽的夢想跟貧窮國家逃出來的難民一樣，把手中一切全部押注賭上，不留退路、沒有什麼B計畫。剛開始那幾年的唯一目標就只是想辦法活下去。

我們降落在一個美麗陌生的地方——洛杉磯。家裡買了一輛車，我們的第一輛車，是有點碰撞損傷的白色普利茅斯威蘭特旅行車。我在後座上看到寬闊街道兩旁間隔劃一、整齊栽種著棕櫚樹，人行道既乾淨又平整，像是一片灰色玻璃，粉白大房子像是連綿山丘起伏綴飾的珠寶；還有這裡的人，那麼多美麗的人，身材高大、結實強壯、鼻子高聳、笑容燦爛、又大又圓的眼睛藍得像午後晴空。我媽發誓說她看到亨利·方達（Henry Fonda）剛從好萊塢的一家餐廳走出來。

我媽：「好優雅哦！」

我爸：「那不是亨利．方達啊，孩子的媽。」

我媽：「沒關係啦！」

不是，他堅持地說。他們倆說話混用了塔加拉語和英語。她還說她看到喬治．比柏（George Peppard）。我不知道他們在說誰，但不管怎麼樣，每個人看上去都很誇張、很漂亮，就像從電影銀幕走出來一樣，個個都有三公尺高，都像卡通人物那樣完美。

我第一次看到黑人是在一個運動場上，我的臉貼在車窗上，看著籃球場上的黑人光著上身跳上跳下。事實上我媽說的就是「**黑鬼**」這個詞。我們在菲律賓都這麼說，當時的美國也是。偶爾也會看到一些身材瘦削、膚色黃褐、頭髮烏黑，跟我們有點像的人；我後來才知道那是墨西哥人。他們跟我們很像，血液裡都是混有西班牙血統和文化的印地安人。

我們在洛杉磯待了八個月，在我爸媽忙著尋找安身立命之處，先租了間平房靠我們帶來的那些紙箱過日子。有一天晚上，我爸爸在一桶肯德基炸雞前面宣布，我們要北上到一個我們都沒聽過的城市。那地方靠近加拿大，他在那裡找到一份工作。第二天早上我爸媽帶著四個孩子及跟我們一起漂洋過海的洛拉阿姨，還有儀表板上攤開的地圖，全部擠進威蘭特旅行車。我爸爸抓緊方向盤，腦子裡想著各種各樣的可能，而我們則在睡夢中浮浮沉沉。我迷迷糊糊地看到山谷變平地，平地又變丘陵，山丘變成赭黃色，草原又變成高山：夏斯達山、聖海倫山、雷尼爾山，白天又變黑夜，最後群山讓位給鬱鬱蔥蔥、青翠欲滴的綠野。我在塔科馬附近閉上眼睛，快到西雅圖時睜開眼睛。我爸媽說這裡是「**西雅泰**」。

我爸說，飛機就是在這裡做的。載我們來美國的噴射機就是在這裡的某個地方製造的。「**包音**」做的，我媽說。我爸說，是「**波溫**」吧！孩子的媽。**波溫**、**西雅泰**。這些是什麼意思？這裡會是什麼樣的地方？

我爸媽在西雅圖北郊的羅斯福路附近找到一間月租九十美元的小房子。它是那個街區唯一一座白房子，也是我們唯一住過的白房子。屋頂有點下陷，牆壁有點傾斜，塑膠地板，地毯下和樓梯間都吱吱作響。不過那個壁爐讓我們大為驚歎，我們以前從沒看過房子裡有壁爐，這也是爸爸決定租下這裡的原因。我還記得他凝視壁爐，夢想著全家人在熊熊火焰前幸福快樂的樣子。這是我們在美國自己家裡的壁爐啊！

我爸媽狂打幾天電話才湊足押金和第一個月的房租。至於下個月要怎麼辦，他們還不知道。不過總會找到辦法的，第二個、第三個、第四個月也一定都沒問題。我爸爸兼了兩份工作。他白天在菲律賓領事館上班，正式職稱是助理商務專員，但大都在接待菲律賓到訪的政要貴人，擔任他們的導遊；晚上則在史諾霍米須郡的拖車場清理拖車。我媽媽在一家醫療實驗室打工，解剖分析老鼠大腦，她要轉兩班公車去上班。兩個人晚上回來都累得筋疲力竭，但收入加起來好像永遠也不夠用。

「帳單愈來愈多，孩子的爸跟我連五十美元的存款都沒有。」那年秋天我媽的日記如此寫著。她每天寫日記，足足寫了五十二年，直到連筆都拿不動為止：「我們煩惱得晚上都睡不著，不知道明天會變成怎樣。」

但不知道為什麼，我媽媽祈求的聖女麗達（Saint Rita）每個月都會下來解救我們：有一筆貸款會下來、有一筆預付款項會被批准，或者是有一位富有的親戚會同情我們。這時候我媽會寫下：「又一次奇蹟！」狀況好的時候，我媽會帶著西爾斯百貨的新衣服回家，爸爸會帶著新寵物回來。有一陣子我們全家養了一隻白色狼狗、一隻小白兔、兩隻小鸚哥，還有兩隻從樹上掉下來的知更雛鳥。動物和小孩都能讓我爸很開心，只要不麻煩他照顧的話。我們就這樣握著細繩，一直撐到那一年的聖誕節。

聖誕節的前兩天，下雪了。我們親眼看著羅斯福路附近變得像聖誕卡那樣，又幸福又明亮，所有的硬邊銳角都緩和下來，所有的東西和草皮上都披上夢幻白毯。我還記得我抬起臉，久久地感受皮膚、頭髮和眼睛上的雪，讓它們在我身上融化。有許多我過去從沒有聽過的聲音：靴子踩進軟軟雪堆的擠壓聲；輪胎壓過積雪的吱吱聲，一波接著一波；還有鏟子刮著粗糙水泥地的鏟雪聲。我們的一個鄰居，戴著紅格子獵帽的白髮老頭，問都沒問就到我家前面的人行道上鏟雪，後來我們道謝時卻對我們不理不睬，連回頭致意都沒有。

我的父親會說：「Ganyan sila（他們就是這樣）。」冒昧專橫但沒有惡意。街上還有一位老太太偶爾會從她的花園帶花過來，同時毫不猶豫地糾正我們的發音。「這裡是羅斯——福，不是魯斯——噗，親愛的。」

雪花讓我們真真切切地知道自己身在何處。下雪之前，我們在這片新土地上的生活就是不斷四處奔走，對周遭環境只有非常模糊的認識；但這場大雪改變了一切，我們知道我們真的身在美國。就算當時我年紀還很小，也知道自己超幸運。我們就是那些穿過針眼、極少數被神選中的人。我們毫髮無傷地來到這裡，困頓疲憊但完整無缺。至少在那幾個小時裡，是這種感覺。現在已到聖誕夜，我們大肆慶祝。

「好香啊！」我媽說，她下班回家就聞到洛拉塞滿好料放進烤箱的烤雞。我媽那天「處理」了五十隻老鼠，她好累，回到家很高興，厚厚的冬衣還沒脫就給我們每個人一個大擁抱。

「你怎麼處理牠們？」我的小弟弟問。

「呃，我、我……」我母親說，她用手指在我弟弟的頭上畫一道直線，他咯咯咯笑著跑開。過一會兒，她打開留聲機播放法蘭克・辛納屈的唱片，我爸也剛好從拖車場回來，雖然一身髒亂，但臉上帶著大大的笑容，還有一袋食品雜貨。「我美麗的孩子們都好嗎？」他邊說邊抱起我兩歲的妹妹琳。擁抱、摸頭，阿瑟、阿伯特和我三兄弟推來擠去鬧成一團，洛拉在廚房忙進忙出準備好幾道菜，我爸去壁爐升火，我妹高興尖叫。那天晚上過得如夢似幻，法蘭克・辛納屈柔聲唱著聖誕歌曲，什麼烤栗子啦、雪橇鈴聲響起啦，我們一家人陶醉在感恩之中，爸爸用百威啤酒加倍表達感恩。不過壁爐的火一直燒不起來，他不斷丟東西進去燒，全家也很快總動員，到外頭找來許多紙板、紙頁和枯枝扔在餘燼上。可是都沒用，還是燒不起來。

最後我爸又出去一下子，帶回一包像是維也納大香腸的東西。「易燃木！」他高興地宣布：「這就是美國！」他把那四根易燃木全部塞進壁爐，用火點燃，沒過多久就有了熊熊烈火。我們在吵鬧的電視機前吃晚餐，屋裡滿是大家喋喋不休的聲音。我們開始拆禮物，我和弟弟都得到溫徹斯特玩具槍，我們跟電視影集《來福槍手》（*The Rifleman*）的盧卡斯・麥凱（Lucas McCain）一樣呼嘯吶喊，互相射來射去直到半夜兩點，最後兩個人都睡在衣櫥碉堡裡頭，手裡還抓著武器不放。

半夜四點左右，我爸爸聽到琳在哭。他一起床馬上就直挺挺地倒下，像根原木一樣整張臉摔在地板上。他粗重地喘著氣，好像胸前被皮帶緊緊綑住。「怎麼回事啊！」他大聲嚷著，掙扎爬起來叫醒我媽。她也一起床就倒在地上。爸爸跌跌撞撞地走到隔壁房間，發現洛拉和琳都倒在地板上喘氣，兩人泡在一灘水裡，後來才知道她們兩個都失禁，那是她們自己的尿。他發現叫不醒她們時，馬上跑去叫醒阿瑟，阿瑟醒來才走了幾步就倒在椅子上，閉著眼睛一直咳嗽。我爸爸幾乎走不到我跟阿伯特的房間，他在走廊上就快不行了。這時候他看到窗子就把它踢開，然後跑過來發現我跟弟弟都在衣櫥裡，張著大嘴急急吸氣。「就像桶子裡的鱸魚一樣。」他後來說。然後他又打開另一扇窗戶，直到整間房子門戶洞開。他打電話時已經全身痙攣抽搐：「出事了，快來！」說完就吐了一地。

我根本不記得這件事，也不知道後來發生了什麼。我們幾個兄弟姊妹完全不省人事，到當天下午我才從那片霧中醒來，但我媽說直到隔天晚上我才完全清醒。全家人都劇烈頭痛，房子裡好像有整支軍隊列隊走過一樣。事情的大致經過，我是從爸媽跟別人的談話片段聽來的，那週好像有數不清的人過來探望我們。也有人是在《西雅圖時報》看到這則新聞，地方版的頭條是一則六段的報導，標題是：「領事館隨員全家，佳節險釀悲劇」。我媽把這則報導剪下來，大聲地唸給我們聽：

聖誕節溫馨的壁爐場景，差一點就讓菲律賓領事館官員和他的一家人悲劇收場。因為悶燒的鋸木屑和柴木產生一氧化碳，領事館助理商務專員法蘭西斯科・A・泰森和他太太、四個孩子和一位阿姨都差點窒息喪命。

最有意思的一句話出現在第三段末尾，說我爸爸上床睡覺之前，把壁爐的通風閥關了。「Sunog ang ay patay na，火已經熄滅啦！」我爸會說：「我看看裡頭，看到那個金屬片……像個控制桿……我就把它拉上，好像有什麼東西關起來。我就想啊，關起來才不會冷嘛！而且火已經熄滅啦。這我又不知道。我怎麼會知道啊？」確實，一個在熱帶國家出生長大，房子裡從來沒有壁爐的人怎麼會知道煙囪的通風口？或者，他怎麼會知道那些塗著石蠟的易燃木在火焰熄滅之後，還是會久久釋放出看不見的有毒氣體？

他的確以為是他救了我們大家，說都是因為他一生耽飲白蘭地，才能在那一晚保持清醒。「因為那幾年來讓我獲得訓練，讓我有所準備！」他會這麼說。「如果不是這樣，」端著他的小酒杯到眼睛前面，晃著那杯拿破崙干邑：「如果我不知道醉醺醺的感覺，也會像你媽那樣昏過去。Lahat tayo patay！我們都死啦！」

「對，孩子的爸。你是個酒鬼才救了我們。」

「笑一下吧，孩子的媽。的確是這樣。」

我爸媽都覺得，我們一家的故事很可能在那天晚上就宣告結束。我們的美國故事很可能就在地方版頭條六段新聞的尾聲到達高潮，列出我們的名字和年紀，還有讓大家送花致哀的地址。他們讓我們驚覺一件可怕的事實，我跟哥哥開始發現我們不知道的事情還有很多，這片新土地有很多看不到的危險。你抱著玩具槍一起睡覺，也許就永遠不會再醒過來。你可能只是拉上一根控制桿，就會失去一切。

我們一家把這個故事翻來覆去說了好幾遍，但每個人的回憶都有點不一樣。某幾個人，尤其是我媽，覺得這事一點也不複雜。「是你爸爸差點害死我們全家！」她說，離婚多年後她對這個結論愈是堅定。就是他看上那個壁爐，是他買回那些易燃木，也是他點火燃燒。而且關上排氣閥的人也是他。

也有幾個人覺得大家都有責任。他們認為會發生這件事，是因為下雪了，大家都沉浸在狂歡的氣氛之中。我們從來都沒有這麼近距離地看過雪。它好像對我們施了魔咒一樣。我們都想要一陣熊熊火焰，讓美國的白色聖誕節景象更加完整。而且當時的天氣的確超冷的！這是我們這種熱帶身體從沒感受過的暴寒。我們大家都有份啊！每個人都丟了東西進去燒。

但在多年以後我有了一種更深層的理解，在我最疑神疑鬼的時候，覺得我們的欲望正代表著世世代代祖先想望的最高潮：我們想要變成金光閃閃的美國人，過上他們的美國生活，享受那些我們以為的美國歡樂。這看起來好像延伸過度，但我的確就是這麼想，認為這欲望可以追溯到過去久遠的歷史。我的祖先們先是糟糕地愛上西班牙，接著又糟糕地愛上美國。我說糟糕是因為，被征服的人愛上了自己的征服者。

拉普拉普雖然趕走麥哲倫船隊，但是西班牙又開著更大的戰艦、帶著更強大的軍隊回來，他們控制這些島嶼就像歐洲殖民者幾乎控制整塊亞洲大陸一樣。英國人占領南亞，最後又制服中國；葡萄牙人和荷蘭人強占印尼；法國人征服中南半島；俄國人在中亞和西伯利亞大肆擴張；美國人強行進入日本，最後又從西班牙手上奪取菲律賓。持續好幾個世紀的漫長過程，歐洲列強把亞洲當成一盤大餡餅，大家伸手隨便搶隨便吃。白色主人統治著黃色和棕色人民。

在菲律賓群島，西班牙來的卡斯提爾人就是一尊小神明，高高在上俯視底下顫抖的大眾。等到西班牙把菲律賓割讓給美國後，美國人也有樣學樣地奉自己為神，沉默大眾別無選擇只能哈腰鞠躬、繼續沉默。也有上萬名菲律賓人拒絕伏首、要求獨立，結果他們像兔子一樣慘遭捕殺，僥倖逃過一劫的人只能躲在山上挨餓。沒人曉得美軍到底殺了多少菲律賓人。有人說是二十萬，整個村莊甚至整個島都被「殲滅」。這是軍事術語，殲滅。在我學到的美國歷史裡，幾乎沒提到這場大屠殺，我的祖先們在那些美國人開辦的學校裡也沒學到這個。如果有的話也只說是土著暴動。菲律賓暴動。

我的祖父母跟美國人哈腰鞠躬，想跟他們學點什麼；而我的爸媽甚至想要變成美國人。過程就是這麼詭異。這個想望推動我們全家漂洋過海，把熟悉的過往全部拋諸腦後，投身於巨大的不確定性之中，根本沒想過什麼危不危險，這是幾百年來世代累積的尋愛過程的最終結果。是那幾根欲望的手指點燃了柴火。

「你爸爸差點害死我們全家！」

也許事情就是這麼簡單。就是一場意外，如此而已。報紙上的新聞不會說是因為數百年來的殖民壓迫和冀求平等分享天堂樂園的想望，領事館官員一家人才因此差點一氧化碳中毒。但在某個層面上，我就是這麼想。我爸媽拋棄所有遠渡重洋，追求夢想中的生活，在追求完美的路途一開始，就差點害我們全家死光光。然而在那件事之後，我們仍不知不覺、甚至自覺性地消滅自己。

剛到美國那幾年，我們就不斷在消滅自我，雖然當時我們並不這麼想。所有的事都以「愛」之名，為了適應環境啦、為了交朋友啦、為了得到好成績、為了工作順利，要為將來打拚！當個天堂樂園的好公民！做出改變都是必要而且正確的事。

首先是放棄我們的母語，毫不遲疑地接受英語，即使這對我爸媽來說，就等於這輩子從此拋棄流暢表達的能力。擁有一種語言代表著擁有那種語言所表達的世界；拋棄那個語言就等於失去了那個世界，開始陷入永無止境的困惑。詩人切斯瓦夫·米沃什（Czeslaw Milosz）曾說：「語言是唯一的家園。」我爸媽離開創造他們的世界，重新成為初學者，為了表達內心所思所感，含糊不清地找尋合適的單字、正確的片語。我常懷疑他們心中一定有很多的滔滔雄辯卻找不到宣泄出口，不曉得錯過了多少事物。

我們丟下荷西·黎剎（José Rizal），拿起馬克·吐溫（Mark Twain）；拋棄佛雷迪·艾格勒（Freddie Aguilar），聆聽法蘭克·辛納屈和披頭四；拋棄〈巴揚闊〉（譯按：*Bayan Ko*，菲律賓愛國歌曲，意即「我的祖國」），高唱〈星條旗〉（指美國國歌）和**她好愛你耶耶耶**~（*She Loves You*，披頭四作品）

我爸媽諂媚奉承崇拜喜愛所有白色和西方的東西，對於本土、亞洲、褐色、棕色的東西公開嘲弄訕笑，這就是他們自我毀滅的動力。我們在美國的第一輛車子、第一間房子，甚至第一隻狗都是白色的，難道只是巧合嗎？我們在美國最高潮的一刻不就是白色聖誕節嗎？白色是人類發展的巔峰，是進化曲線上最遙遠的頂點，因此也是塵世中最接近終極真理與美的象徵。

我爸媽一開口就是美國人多麼強大、多麼厲害、多麼值得讚揚；而自己的同胞又是如何軟弱無能，只配被人嘲笑消遣：「光靠他們自己是做不到的啦，一定要人幫忙。」我從小就是聽這些話長大的。我聽到他們對歐洲和亞洲的混血讚不絕口，說他們多麼優美雅緻、多麼威風凜凜，愈像歐洲人愈好，被稱為混血兒絕對是最大的奉承和恭維。嫁娶白人是人間的獎賞，混血嬰兒是莫大的賜福，這代表地位身分即刻高升，家族中打進尊貴的血液，是富足生活的最佳保證。

我們還住在那間白色大房子的時候，有一晚我在爸媽臥室的大衣櫥裡玩，躲在一排襯衫後面。我看到房門打開，我爸走進來。我沒出聲，只是坐在衣櫥裡靜靜地看著他，一排袖子遮住我。他換上家居服後，站在小鏡子前面按摩鼻子，用食指和拇指捏著鼻梁拚命拉，好像要讓鼻子變得更長更尖。他站在那裡捏了好一會兒，才離開房間關上門。我雖然好奇但也沒多想，直到幾個月後，我發現他在看電視時也會無意識做出同樣的動作。他並不知道之前我在他房裡也看過。

「爸爸，你在做什麼？」

他嚇了一跳。「沒什麼，兒子。只是在按摩。」

「你的鼻子會痛嗎？」

他看著我，思考要怎麼解釋，然後好像放鬆了下來。「Halika ditto, anak. 過來，兒子。你要這麼做。」他溫和地說，對我示範怎麼捏住鼻梁往上拉，一次持續二十秒，要連做好幾次：「你每天都要這麼做。鼻子才會變得更挺、更尖、更窄，看起來就會更像混血兒。你的鼻子太圓！而且也太塌了！Talagang Pilipino！太菲律賓了！」

「塌鼻子不對嗎？」

「塌鼻子沒有不對，可是高挺更好。大家都會對你更好，認為你來自一個更好的家庭。會覺得你更聰明、更帥。Talaga, anak. 真的。你有看到我的鼻子嗎？某天有個女人，有一次，一個白人，跟我說西班牙話，因為她以為我是從西班牙來的。這是我的親身經驗。我每天都會按摩。你不覺得我看起來像是卡斯提爾人嗎？」他側過身展示鼻子側面：「Ay, anak. 我的兒子，相信我。」

我確實相信他，就像他相信幾十年前他爸爸對他的傳授和教導。我們學到的就是：鷹鉤鼻比塌鼻子好；長鼻子比闊獅鼻好；淡膚色比黑膚色好；圓眼睛比丹鳳眼好；藍眼珠比棕眼珠好。薄唇勝豐唇；金髮賽黑髮；高個子強過矮冬瓜；大塊頭壓死小不點。這種標準讓我們注定輸到底，因為我們身處的這片大陸什麼都大！

某個陽光明媚的下午，我跟我爸到離家幾條街的五金店。正要進去時，有三個穿著工作服和T恤的美國人走出來，他們三個擠在門口剛好擋住我們的去路。三個人都是彪形大漢，身高超過一八〇公分，留著鬍鬚，胳臂和腿都很粗壯。我爸抬頭看著這面鬚髮濃密的人牆，對方好像也準備閃邊讓道。但我爸爸先開口說：「對不起。」又退到一旁。那些美國人走過去的時候，有一位說了聲謝謝，另一位偷偷笑了。

我爸彎腰在我的耳邊小聲說：「巨人家園（*Land of the Giants*）。」這是我們家經常收看的電視影集，說的是一群太空人被困在巨人星球的科幻故事。那些太空人常常被巨人捏在手上玩弄。影集的文案是：「迷你人，殘暴巨人世界的玩物。」我們一家人都很愛看這個節目。我想，我們就是那些面對不可思議大巨人的迷你人。

有時候，我覺得美國人是一種跟我們完全不一樣的物種，這個物種經過幾個世代的進化而成為至高無上的巨獸。他們個個都是穿著工作服的國王。他們是征服法則活生生的基本證明：勝利者才可以吃大餐。我第一次到美國餐廳坐下來時，幾乎不敢相信那裡的食物有多麼豐盛：每個人都有一整顆超大的馬鈴薯、一碟生菜，還有一整塊自己獨享的牛排。一整塊厚厚的牛排都是給我吃的！如果是在家裡，那塊牛排可要全家人分著吃。

美國人的高大健壯就代表我們所渴望的美國能力：他們更聰明、更強大、更富裕；他們過著舒適的生活，有許多東西可以慷慨施捨。他們知道怎麼做到美麗和豐盛，因為他們本來就擁有。那些粗壯肢體、巨大頭顱擠在門口，露齒笑容亮得像是探照燈似的，用轟隆巨響的嗓聲歡迎我們光臨。請到桌邊就坐！美國人連說話都比我們高出好幾分貝。

我們則什麼東西都很小。我們很窮，真的是口袋空空的窮移民；我們營養不良、骨瘦如柴，基因顯示沒多久以前我們還在跟饑荒、疾病和戰爭鬥爭；我們口齒不清、發音不夠標準，最深切的感受得用口音濃重的破爛英語表達，美國人還以為我們在學豬叫。我們最常聽到的回應就是：「你說什麼？」、「再說一次？」或是「到底在說什麼啦？」他們一臉困惑，就像在破解外星人語言一樣。

我爸是個有趣的人，如果能使用母語交談，他可說是精力充沛又健談，但是這個在馬尼拉附近長大的人，永遠不會再那麼有趣活潑、機智敏捷、對自己充滿自信了。他在美國永遠是個矮冬瓜小個子。我媽雖然也矮小，但女人矮小是可以被接受的，甚至還能說是可愛。美國男人都覺得我媽滿有吸引力的，她從來不缺別人的關注，也都能找到工作。但是我爸在這片偉大的新土地上，卻是最被看扁、被瞧不起的那種人。他雖然是家裡的男人，但他不知道那些控制桿該推還是拉，他這輩子也沒有餘裕像他的孩子那樣從頭學起。

我相信就是這種對自身限制的理解不斷在他內心啃噬，才會讓他在受到貶抑輕視時變得非常可怕。跟朋友在一起，他顯得溫馴合群；但要是置身在更廣大的陌生人世界裡就完全兩樣，變得喜怒不形於色，處處提防警惕，好像把自己緊緊地盤起來一樣。我爸雖然只有一六七公分高，六十八公斤重，但身體的每一公克都可能在瞬間變得瘋狂。他會因為一點小事就動手，迅速揮舞拳頭。他不會被那些大塊頭嚇住。當然他知道對方高大粗壯，可是當他或我們家人受到侵犯時，他馬上殺紅眼地憤怒起來。我親眼看過他對著一個幾乎是他兩倍壯的男人高聲怒罵，他認為那個汽車師傅故意占他便宜，所以他想跳進櫃檯給他一頓教訓。「你只要朝他的蛋蛋踹下去，他就再也高大不起來啦！」有一次他這麼跟我說。好吧，其實不只一次。

我媽媽可以證實我爸會因為一些微不足道的小事就跟人打架，輸贏各半。不過有幾次被揍得很慘，還有一次甚至在醫院躺了一週。有幾次打架時我媽在場，其實打起來就是因為她。那個倒楣的年輕人據說對她擠眉弄眼，最後躺倒人行道上。

我十二歲的時候，也曾經在紐澤西的一座公園看過他內心狂躁的一面。有個塊頭不小的紅髮小孩騎著腳踏車對我吐口水，然後又邊笑邊做鬼臉地騎走。我爸爸跟在他後頭，直直走到他家人野餐的地方，他單挑了那群人中的三個男人，都是美國人，其中一位可能是那個大孩子的爸爸。他們都嚇了一跳。我只聽到後來對話的一部分。「我們現在就在這裡擺平這件事吧！」我爸爸緊緊握著拳頭，用低沉的嗓音威脅他們。他挺身前傾，兩隻眼睛眨都不眨一下。那幾個大男人避開他的眼光，一句話也不敢說。後來我們回到原先的地方，我爸說：「如果那個男孩子又過來，你就告訴我。」我一句話都不敢說。老爸竟然這麼猛，真是讓我驚訝。不過他那天所展現的可不僅僅是勇敢而已。他的爆怒雖然看似魯莽，卻好像跟某種更重大的事情有關。當然我現在知道這件事的確不單純。

我跟我爸不同，我很努力跟陌生人相處。小時候我們常常搬家，所以四處來來去去，很習慣跟陌生人為伍。我很快就學會講美式英文，學到一些口語風格，不管繼承到什麼口音都訓練自己把它們消除掉。我在人前保持著自信的態度，不是那種高談闊論的樣子，而是帶著警覺的含蓄方式，後來我英文說得更好，與人互動就更有信心。要我猜的話，我想同學們都會說我有點害羞，但是既聰明又可愛。不過我私下卻是憂悶沉思。一個人要如何又外向又害羞呢？我注定要過著一種祕密生活。

所以我努力變成美國人，從某方面來說，甚至比我的美國朋友更像美國人。不過到最後我發現，我永遠無法達到心中仰慕的那個理想。當我了解到不可能的時候，飄浮的夢想馬上從空中墜落，硬生生地化為劇痛創傷，對於自己曾是那樣的信徒感到尷尬不已。

這也是一種美國夢的美麗謊言：如果你很想得到而且願意努力奮鬥，就可以成為任何人、做任何事、完成任何事業。限制都是膽小鬼自己想出來的。你必須相信，只要朝著正確的方向努力，任何事都難不倒你：加油、加油、加油！要更拚命、更迅速、再加十倍油！發揮你的潛力！沒什麼是你做不到的！拚了！這一切我都相信，這瓶萬能聖水我喝到最後一滴，喝完還舔舔嘴唇。我花很多時間學習閱讀、練習寫作、練習講話，比我的朋友和鄰居都厲害；我循規蹈矩當個好孩子，用心地寫作業，熟讀牢記勝利者和英雄們的表情、口語和特質，但我永遠也不會跟美國人一樣。只有失敗的時候才知道謊言只是謊言，我當然也是這樣。

現在我自問，心底這層羞愧從何開始，才發現這是從我爸那裡繼承下來的，而他也是從他爸爸那裡繼承而來，再往前追溯的話，我想可以追到五百年前西班牙船隊到來那一刻。這是世代相傳的古老恥辱，陪著我們遠渡重洋。我們帶著恥辱進入這個國家，但這個國家卻說：你自己爬不上頂峰，就是你的錯，不是別人的錯。

到了冬天，那間白色大房子的屋頂幾乎都在漏雨，天花板那些水漬簡直像發了一陣怪異的水痘。不過寒冷和潮濕終於還是讓位給耀眼的綠色春天，把我們雜草叢生的庭院變成一片蒼翠茂密的森林。我們家的動物園也變小了。我爸媽把那隻德國狼犬送人，因為我們家根本管不住這隻母狗。爸爸把知更鳥放生了，也想把兔子放走，但牠一直跑回我家後門，整個嚇壞了。長尾小鸚哥則是自己飛走的，在人行道鏟雪的白髮鄰居看見牠們被烏鴉追著，在行道樹上飛來飛去。

「籠子要關好啊！」他告訴我們：「現在大概都死了吧。」

我爸直到老年還是一樣勇猛好鬥。他最後一次跟人家打架是他六十八歲時，那次他覺得有個很胖的青少年對他很不尊重。那個體重超過九十公斤的胖小子最後倒在我爸爸身上，壓得他喘不過氣來，差點被壓死。其實我爸那時候已經做過兩次心血管繞道手術，而且還中風過好幾次，可以說是風燭殘年了，可是他還是一點都不退讓。不過在其他方面，倒是頗有長進，對我們這些孩子尤其溫柔。對於他拋下我們離家而去感到懊悔，令他耿耿於懷，永遠帶著一股歉意。**對不起啊，孩子。我真對不起你們，我的兒子。**時不時就哭了起來。他再也沒在壁爐裡升過火，不管是那間房子或其他任何我們住過的地方。

「你每天都要這麼做！」他告訴我。

所以我遵照他的指示。當然盡可能避開別人耳目，躲起來偷偷努力。我會兩手吊在樹枝或單桿上拚命伸展身體，兩腳足跟瞄準地心，祈禱重力把我拉長。我把自己吃飽吃撐，而且從十幾歲就開始偷偷地吃蛋白質補充劑來幫助成長。我會在眼皮上抹油，讓它們保持柔軟，以免皺紋讓我的眼睛變成丹鳳眼。我每天晚上睡覺前都要捏鼻子，至少捏二十秒。鼻子的形狀會決定你的命運啊！這就是你家族譜系的象徵，決定你可以進入哪一道門的標誌。我年紀愈大，對這些事就愈著迷。甚至開始用曬衣夾夾在鼻子上，整夜就這麼夾著。我本來就容易流鼻血了，有時候曬衣夾太緊，早上醒來枕頭上都會見血。為了讓嘴唇更薄，更像混血兒，我會把嘴唇吸進嘴裡，然後用膠布貼在嘴上。各位要是在那些夜晚走進我房裡，肯定以為我是被押作人質還是怎樣。不過這些都沒效，鏡子都想嘲笑我。我的容貌完全沒改變。

Chapter 3

Orientals

東方人

你只要打下一隻正在飛的鳥，就等於把牠們全都打下來。

——海明威（Ernest Hemingway）

在布隆克斯的某天下午，我放學後正要回家，跟一個小男孩錯身而過。四十年過去，我還記得他的臉。我起先看到他小小圓圓的頭在遠處上下晃動，靠近後看到他在路上狂跳狂轉，一邊跳動一邊大叫。我猜他大概八、九歲吧。他瘦瘦的但很結實，摩卡咖啡色的皮膚，穿著一件飛行夾克，全身膨脹得像顆枕頭。他手上拿著一把玩具衝鋒槍：「砰、砰、砰！轟！你們都死了！」

他的叫聲穿透午後黏稠的空氣，附近的路人和對街的人群都轉頭看，他面前的行人在他靠近時趕緊閃避退讓。「小心這傢伙！」我前面一個女人突然緊緊握著身邊小女孩的手，低聲地提醒。女孩也靠近貼緊她。一位穿著灰色大衣的年長黑人在他前面停下來，非常惱火地看著這個男孩：**走路要看路好嗎？你這個小屁孩。你媽媽呢？**男孩對著他開槍，**砰！**那個人搖搖頭，揮手叫他閃開。下一個就是我囉，我們之間的距離愈來愈近。

我家附近長得跟我看過的美國圖片都不一樣，但在搬到這裡之前我們並不曉得，一九七〇年代的南布隆克斯正緩緩走向瓦解衰亡，最終變成一個貧民窟。我們就住在已經破落的街區邊緣。我爸媽要養四個大孩子，還有一個剛出生的女兒和洛拉，根本毫無餘裕考慮這種事。他們每天一睜開眼就擔心受怕，只要哪次沒領到薪水，我們全家就得擠在教會地下室，排隊領救濟湯。他們每天所思所想，就只有想辦法活下去而已。住在哪裡根本不重要，反正我們也不會待太久。我們七個新移民、一個小女嬰，還有一隻狗（我爸爸又養了一隻），全擠在噗噗冒煙的大貨車裡四處搬家，短短時間已在太平洋岸和大西洋岸來回兩趟。在我求學的十二年裡，就換過八間學校。每次搬家都讓我們感到更加無拘無束。要是別人問我來自何處（這個問題總有人問），我就含糊地回答上一個居住的城鎮。這麼說就簡單多啦。我們搬到布隆克斯的時候，我十二歲。

我們住在只離廣場大道一條街的伯恩賽東街，是一幢三層樓磚房，窗戶上安著鍛花鐵條。屋後有圍籬，上頭拉著帶刺鐵絲網。這樓房底下兩層隔成幾間老舊的小辦公室。我家客廳樓下的二樓，是有著一口爛牙的猶太牙醫豪爾醫生的診所，他叫我們別幻想能驅除蟑螂，因為牠們已經在牆壁和地板下建立蓬勃的文明。「要把牠們當作室友啦！」他笑了。那口爛牙啊，我到現在還記得。

從家裡到第七十九號中學，要從廣場大道向北走，經過髒兮兮的商店和窗戶晦暗的公寓樓房，再轉向克雷斯頓大街，整個街區看來就像是轟炸後的廢墟：破破爛爛的人行道，車子被偷到只剩骨架車軸，牆上的鏽漬混合著塗鴉，一些沒人住的樓房窗戶都是破的，有些好像被火燒過，泥土空地堆滿雜物，到處都是垃圾。但這些看來不能住的樓房還是住了很多人。炎熱的月份可以看到他們的衣物晾在防火梯的鐵架上，日夜不斷漏水的消防栓，聚集了一群孩子和狗在黑黑的水弧下玩水消暑。午後，會有一群老在凝視什麼的人會坐在水泥階上，抽著大麻或紙菸，有些則喝醉或嗑藥嗑到太嗨。海洛因是那裡的大問題，那一種極度疲憊發散出徹底放逐的氣氛，我多年後才在難民營裡頭又碰上。窩在台階上那些人可能會對街區新來的孩子說：「喂！趕快把錢掏出來，我就不會打斷你的手。」

我確實看過有個男的為了搶一張公車票就打斷一個小孩的手，孩子哭得撕心裂肺也沒人過去救他。還有更糟糕的事呢。學校裡某些男生不再出現，後來才聽說他們「受傷了」，狀況到底如何誰也不曉得。我知道有幾個人真的是被殺死的。我記得那些談到南布隆克斯的報導都說它是「美國城郊破敗最糟糕的例子」、像個「停戰區」，是「充滿吸毒者和暴徒的末世景象」。好萊塢曾經在那裡拍過一部電影叫《布隆克斯流氓窟》（*Fort Apache, The Bronx*）。

我記得我看著電影中那些人物，心想：「哎呀，像這樣的人我經常碰到啊。」

整天在這種地方進進出出，碰上那些奇奇怪怪的人也理所當然。我學會了避免目光接觸，這正是那天下午那個穿著飛行夾克、手持玩具槍的男孩衝過來時我所做的反應。我直直正視著前方，即使他的目光牢牢地盯在我身上。在他就快衝過去的時候，突然一個轉身像陣龍捲風一樣，砰的一聲兩腳就釘在我面前，那根槍管離我的臉只有幾公分。

「找死嗎？你他媽的中國人！」

我比他高了三十公分，沿著槍管往下看著他的臉。胖嘟嘟的圓臉，光滑的棕色皮膚。他嘴唇緊繃，下巴咬緊。滾珠般的黑眼睛連眨都不眨一下。你不會想到小孩會有這麼濃重的惡意。

「嗨！」我說：「你在玩什麼？」

「我要宰了你！你他媽的中國人。」他對著我的臉尖叫。

我前方的女人停了下來，想看看是否會出事。我揮手叫她走開，但眼睛還是盯著面前的男孩，這個身材矮小的暴徒如果年紀再大一點、體型更高大，就會變得非常可怕。我的胃收緊，感覺身上有什麼東西升上來，不是害怕，而是先出現一股不安。我忍住想要一拳打在他臉上的衝動（在我很小的時候，我爸就教我怎麼揍人），好奇心勝出。現在回想起來，發現自己微微歪著頭就像是隻困惑的狗，盯著他的眼睛看看裡面是否有什麼我可以辨認出來的東西。

那股惡意從何而來？到底是什麼惡劣環境讓他變成這樣子？他是不是在消防栓玩水、在垃圾堆裡撿東西吃，住在我每天上學都會經過的火燒屋裡的孩子？我想問他還好嗎，但他的怒視讓我問不出口。我伸出指頭把槍管推開，也怒瞪他的雙眼。

「我不是中國人啊。」我說。這是我能想得到的否認聲明，雖然我知道是不是中國人根本不是重點。

「你他媽的中國人！」**砰！去死。**

然後他就繞過去，順著人行道向前走，我也繼續走回家，好像什麼事都沒發生過。這真的沒什麼。紐約就是有很多瘋子：老的、年輕的、黑的、棕的、白的，有時甚至是又矮又小的。

那天晚上我又想起這樁奇遇，腦子裡亂糟糟塞滿一堆想法，讓我睡不著。最讓我不爽的不是雙方對峙或我臉上那把槍，而是他罵我是中國人。**我不是中國人啊！你這個小混蛋**。他可以罵我是個他媽的醜八怪、瘦皮猴還是任何什麼亂七八糟的鬼東西嘛。可是他就罵我是個中國人。根據我在學校跟他們打交道的經驗，我也不知道自己喜不喜歡中國人；他們好像都跟自己人在一起，對我完全沒興趣。可是我最痛恨的就是，把我跟世界上所有矮小、瘦弱、黑頭髮的人種都看成同一種人。這不就是另一種形式的隱形失蹤嘛。我已經很努力在內心抹除與生俱來的自我，現在又被人任意歸類，覺得自己的外在也被抹去了似的。

到美國的前十年，我們並未碰過我爸媽暗自擔心害怕的種族歧視。雖然沒辦法保證那些老一輩的人看到我們的大貨車抵達時，不會在心裡抱怨：**該死的公寓社區**；也沒人知道我們是不是因為某些沒有明說的偏見而錯失工作、租房、貸款或輕鬆的任務指派；誰知道有多少人會在背後罵我們是猴子，鄰居們在我們面前微笑，轉身卻跟朋友一起偷偷嘲諷。**這裡是羅斯—福，親愛的，不是魯斯—噗**。不管怎麼樣，大多數人當著我們的面，即使說不上熱誠友好，至少也算是客氣文明。盯著我們的眼神，偶爾有敵意，但更多的是好奇。半夜沒人朝我們窗口丟石頭，草坪上也不會出現燃燒的十字架，信箱裡沒有死亡威脅，也沒有暴民會把我們趕出城去。親戚問：「你們在美國過得怎樣？」我爸會回答：「Nandito pa rin kami. 我們還待得下去。」

這麼多年來，的確有很多人用各式各樣的字眼罵我們，許多稱號會特別用在我們身上，或者跟我們有某種形式的關聯，比方說：**吃狗肉的**、**菲律賓咕咕**、**咕客**、**頂客**、**歪眼**、**斜眼**、**裂縫眼**、**田溝鼠**、**雜色黑仔**、**日本鬼**、**力本**、**扶力本**、**青蔥**、**陳查理**、**筷子**、**炒雜碎**、**支那人**、**清客**等等等，這表示美國人根本把我們都看成同一類，不過我們可從不這麼覺得。美國人透過種族稜鏡看我們，結果後來我們也用同樣的稜鏡觀看自己。當時我們所屬的那一類還不叫做「亞裔」，那個詞要好多年以後才會出現。我在廣場大道的另一次偶遇，終於讓我知道自己該叫什麼人。

遇到玩具槍小子之後幾個月，我又遇上蘿絲瑪麗和麗莎。後來我跟朋友說她們是「兩個漂亮的嬉皮女孩」，因為她們對我很好，所以我誇她們很漂亮。那時我才剛滿十三歲。她們則二十出頭，脖子上戴著珠珠串串、穿著寬寬長裙，自由奔放，吱吱喳喳說個不停。現在回想起來，她們可能是大學生吧（這條路再走下去會到福坦莫大學）。她們兩個都有著淺色皮膚，臉看起來像白人，但有些像是混血的特徵，可能混到黑人或西班牙人。她們長長捲捲的頭髮直落到肩膀以下。那天下午她們走出公寓正說著什麼好笑的事，幾乎就把我撞倒在人行道上，那瞬間一股像花一般的年輕女孩氣息迷得我快喘不過氣來。身材比較高的麗莎，雙手捧著我的臉道歉。

「天啊！蘿絲瑪麗，這個日本男孩好可愛！」

「天啊！你真可愛。你幾歲？」蘿絲瑪麗說。

我告訴她們我幾歲、讀幾年級，然後像面對兩位女神般靜靜站著。她們自我介紹，又說她們剛剛搬來，需要買些東西。「我們需要所有的東西！」我猜她們大概不是這附近的人，她們太開放又太熱情，不分黑黃花白。我後來突然想到，那時候她們眼睛紅紅的，可能是嗑藥嗑嗨了。那份自由流動的好感可能碰上誰都好，誰都可愛。不過不管怎樣，我在當下那一刻很高興成為她們的最愛。麗莎聞起來就像紫丁香一樣。我茫酥酥地站在那裡，才不介意她說我是日本人。

「你的皮膚真漂亮！」麗莎伸手要摸我的臉：「可以嗎？」

當然可以。

她的手指頭慢慢地在我的臉頰上摸來摸去。「你摸摸他的皮膚，蘿絲。好像假的喔！」

「希望你不會介意在公共場合被騷擾，小男孩！」蘿絲瑪麗說。她也開始摸我的臉。我瞄見她腋下有些嫩毛。「天啊！我們可以綁架你嗎!?」

她們笑開了。

麗莎把我的頭髮弄得亂糟糟的。「你是日本人，對吧？」她說。

「我敢說他是中國人！」蘿絲瑪麗說。

「我是菲律賓人啦！」我說。

「一樣嘛！」麗莎說。更多的笑聲。我也笑了。這很好笑，而且那個紫丁香味好香好香：「你知道我的意思，你是東方人。」

「對！」我說：「我是東方人。」

我當然知道這個詞彙。好幾年前他們在西雅圖幫我註冊小學時，我爸媽站在櫃檯前填寫表格。我媽問我爸說：「孩子的爸，我們是東方人還是太平洋島民啊？」我爸聲音急躁地問櫃檯後面的女人是不是兩欄都要打勾，因為你看，我們是從太平洋中的島嶼過來的，而且那地方叫東方。女人面無表情地看著他。「繼續往下填吧，勾東方人。」她說。

因為我爸有點生氣，所以我特別記住了那件事。不過那時我只有七歲，對那個詞沒什麼想法。它顯然就是個官方和各地都可以接受的稱呼。有些人會使用它，那些管事的人。

碰上麗莎和蘿絲瑪麗後，我開始建立一份檔案，這是我最早建立的檔案之一，標題只簡單寫著「Oriental」（東方的、東方人）。裡面蒐集了一些筆記、報紙和雜誌剪下的文章，或任何跟那個名字有關的資料。過了一段時間，我不得不在這個檔案中增設分類，因為叫做東方的東西多得不得了：根源、地毯、宗教、麵條、髮型、族群、療法、香草和香料、紡織品、草藥、戰爭形式、天文學種類、東半球、哲學思想流派還有沙拉。它適用於男人、女人、口香糖、舞蹈、眼睛、體型、雞肉料理、社會、文明、外交風格、行為規範、格鬥武術、性傾向和某種特定的思想。彷彿東方人只有一種思想似的。傑克．倫敦（Jack London）曾說，西方人沒辦法衡量東方思想，它是從不同布料剪下的，以不同的方式運作。

伯恩賽東街上有家雜貨店，我們都叫它「東方店」，我們在那裡買米。福坦莫路附近有家店提供「東方按摩」，幾條街之外又有一家店賣「東方家具」。我媽在哈林區工作的地方，附近有家旅行社，牆上和櫥窗上貼著東方海報。我跟我媽進去逛了好幾次。很多海報和小冊子上印著藝妓、和尚和雲山霧罩的寺廟，還有披戴黃金頭飾的大象。黑黑的水上有奇形怪狀的小船，市場擠滿一群一群穿著奇裝異服、像螞蟻的人，女人的頭上頂著籃子，戴著斗笠的小孩坐在大水牛的背上。帽子尖尖的農夫像彎曲的釘子般彎腰種地，還在冒煙的火山四周是綠油油的稻田。

多麼神祕的地方啊！東方。險惡又充滿誘惑，跟我們這個世界如此不同，就像傑克・倫敦說的那樣，如此異國風味，難怪孕育出深不可測的人。那時候我已經讀過《白牙》（*White Fang*）和《野性的呼喚》（*Call of the Wild*）；傑克・倫敦也是我最喜歡的作家之一。

現在很多人對「Oriental」這個字感到不爽，我們如果了解它的歷史來由就會知道為什麼。這個字原本來自拉丁文「oriens」，意思就是東邊或「日出的方向」。羅馬人把帝國的東部叫做「東方都督區」（Praefectura Praetorio Orientis），包括巴爾干東部和現在的敘利亞等地。但隨著西方人愈加深入亞洲以後，他們所認為的「東方」（the Orient）也更往東邊擴展，把歐洲以東一直到太平洋的廣大區域都囊括進來。於是這個「東方」涵蓋了整個地球的四分之一，從埃及到尼泊爾到韓國，土耳其、蒙古、印尼、黎巴嫩、印度和日本都包含在內。

歐洲人在掠奪占領的同時，也普及了「東方」概念。殖民者針對東方思想、東方特性和東方社會進行學術研究，作為鎮壓和管理他們臣民的指南。定義概念和征服占領是攜手並進、聯袂同行的。

在「東方主義」（Orientalism）的基本假設裡，東方代表歐洲的劣等對立面：東方是女性和順從，西方是男性和主宰；東方是往內探求的精神性，西方是向外拓展的理性；東方困縛在傳統之中，西方受到進步所推動。東方是原始、粗俗、不設防；西方是文明的燈塔、精緻的標準，具備無敵的武力。東方需要接受文明教化才會變好。

除了落後之外，我們東方人更是膽小、怯懦、順從，無可救藥地充滿異國情調（exotic；這個字來自希臘文的「exotikos」，意指「外來的」）；東方人不可理喻、陰險狡猾，又很容易被看透。事實上，還很渴望被理解。我們東方人就是要靠強壯、活躍、理性的西方人來指導，才知道怎麼生活。

到今天，東方通常指稱現在的東亞和東南亞，包括：中國、日本、韓國、蒙古、台灣、越南、泰國、新加坡、菲律賓、馬來西亞、寮國、印尼、柬埔寨、緬甸和汶萊。跟西亞、中亞或南亞的人相比，這裡的人是最東的東方人，也是最黃的黃種人。

黃色是最符合東方人的顏色，如果你以為它只是在描述膚色，就太膚淺了。顏色的文化意義和西方的東方觀有著深刻的連結：高加索人（或者歐洲人）是白色的，這是純淨和力量的顏色；黑人（或者非洲人）是黑色的，因為他們性格陰暗，跟動物一樣；而蒙古人種（也

就是東方人）是黃的，這是軟弱和怯懦的顏色。

東方人不知道西方人這麼解讀顏色，他們並不抗拒被指定為黃色。因為黃色在東方歷史上的意義跟西方完全不同，事實上還代表著尊貴。古代中國人把世界分成五種「純正」的顏色，黃色代表「土」。這種解讀可能來自中國北方，因為從戈壁沙漠吹來的砂土堆積，每年都會將一望無際的平原變成深濃的金黃色。而黃色其實有很多種，從淺淡的米黃、金黃一直到深濃的橘黃、褐黃都算黃色。一條被尊為中華文明的搖籃、長度將近五千五百公里的大河，就叫做黃河。黃色也是皇家專用的顏色，這種階級優越的尊崇感甚至擴展到周邊國家：日本在一三五七年的南北朝戰爭之後，武士穿戴黃菊圖樣以表示勇敢無畏；印度的印度教徒穿黃衣服慶祝春節；菲律賓國旗上有一顆金黃色的太陽，代表著新的開始。直到現在，黃色都是菲律賓人團結在一起的象徵。

但在西方，好幾個世紀以來，黃色都不是討喜的顏色：出賣耶穌的猶大穿著黃衣服（雖然《聖經》裡沒有明確記載），於是黃色漸漸變成了羨慕嫉妒和欺騙的象徵。在法國，叛國者的房子會被塗上黃色的膠漆。黃色也跟某些疾病有關。中世紀的歐洲認為人的身體中有四種體液：血液、痰液、黑膽汁和黃膽汁。據說黃膽汁就是造成人「暴躁、乖戾、壞脾氣」的主因。黃熱病會引起的黃疸，是一種會使眼睛和皮膚變黃的肝臟疾病，而疾病當然就會造成肉體與精神的衰弱。在十九世紀的美國，要是被叫做黃人，就表示你是個怯懦的膽小鬼。

在西方人的想像裡，黃色代表卑劣，這正符合西方對東方人的看法：首先，東方人對美國勞工的生存造成威脅；後來又威脅到聖潔的美國婦女；到最後則演變成威脅西方文明本身。有些危言聳聽者開始呼籲白人發起反攻：基督教世界快要被東方的黃蜂大軍占領啦！他們靠的不是武力征服，而是靠潮湧而來的龐大人流。有些廉價小說刻意誇張那些瞇著眼睛的移民崇拜異教、性侵白人婦女、在白人文明的廢墟上狂舞，煽動閱聽大眾的歇斯底里反應。

在十九世紀末、二十世紀初，美國白人極力限制黃種住民人數的增加，禁止黃種婦女進入美國，也禁止黃種人和白人通婚。在西部地區，白人甚至憤怒地想要殺光黃種人。當時有數不清的中國人慘遭私刑，整個村莊被消滅，移民區被抹除。這股仇恨引發的反東方熱潮，席捲了全美各地的黃種人。「將東方視為威脅的觀點是種族性的，而非國家性，」歷史學家約翰．道爾（John Dower）在《無情戰爭》（*War Without Mercy*）中寫下：「並非擔心單一國家或民族，而是針對既無特定臉孔、也沒名字的廣大黃種人，所產生的模糊而不祥的仇視感。」

二戰期間，「黃禍」是美國政治和文化上的主題，當時這個名詞被用來形容日本，那些陰險的猴子偷襲珍珠港，所以必須把那些在美國的日本僑民全部集中起來囚禁。大概有十一萬的日裔美國公民被迫離開平靜的生活，被趕進集中營拘留。這時候的美國白人也已經通過一系列法律以防止更多黃種人進入美國，這些限制一直留存著，直到民權運動迫使國會議員重新思考美國的移民政策才有所改變。當時許多東方人不能合法地進入美國（人數與歐洲移民差不多），直到一九六〇年代，也就是我家移民來美那時候才解禁。

當越南爆出美萊村大屠殺（My Lai Massacre）消息時，我十歲。我記得在《生活》雜誌（*Life*）上看到屠殺場面的照片，總共有五百多個黃棕色皮膚的婦女、兒童和老人遭到射殺，扭曲的屍體堆疊在泥土路上。腿上、手臂和脖子上有好大的彈孔，遺體甚至殘缺不全。嘴巴張開的臉上，眼睛還凍結著臨死前的驚恐，腦漿流溢在黑色的頭髮中。這些臉孔看起來就像我家人的臉孔，跟我的阿姨、叔叔、妹妹一樣，都是東方人的臉孔。我久久地看著那些照片，無法不去想這些人的悲慘遭遇。

事件最終只有一位中尉威廉．凱利（William Calley）被判有罪，卻只是在家服刑軟禁三個月而已。這次屠殺讓我看清，原來東方人的生命這麼沒價值。你一舉屠殺幾百個手無寸鐵的東方人，不管是村民、農民、婦女、孩童，甚至是嬰兒，所受到的懲罰只是關在自己的公寓裡看電視、打瞌睡十二週而已。我的檔案夾裡還收著《生活》雜誌那些照片，仍偶爾會翻到，每一次都讓我同樣傷感。

在美國碰到愈多像我這樣的新移民，我才知道有很多人都跟我們一樣被視為「東方人」。我們剛到美國的時候可能是日本人、韓國人或菲律賓人，但時間久了之後就全部變成東方人。直到一九七〇年代，在愛德華．薩伊德（Edward Said）那本《東方主義》（*Orientalism*）震撼學術界，獲得許多人的讚賞、開始發揮影響力後，「Oriental」這個字才開始受到學術界的批評，演變過程就跟「Negro」（黑人）和「Indian」（印地安人）等字眼一樣。

不過有許多老一輩的美國人還是會用這個字，他們往往不知道它背後的含意。在美國中西部和南部，有些親切友善的人還是常常叫我東方人。我在西北部的太平洋沿岸，我家附近的幾個街口就能買到什麼東方沙拉、東方雞肉三明治（我好想也點一杯「西方飲料」來配著吃）。某些明白其中含意的人也仍會使用這個字。我爸爸的一位菲律賓同事就曾經模仿日本人的口音告訴我：「如果你的眼睛像接樣（用手指拉長），你是東方人。如果你的眼睛是接樣（用手指撐大），你就是腦鬮。」

如今在學術圈和政治界裡，「亞裔」已經成為正確的名稱，而我本人在大學裡也成為被如此稱呼的一員。我們這些以前被叫做「東方人」的人，現在都已經被正式且政治正確地稱呼為「亞裔」或「亞洲人」。

剛獲得這個新名字的時候，進入美國的亞洲移民也達到前所未有的數量。我們一家人剛來時，美國的亞洲人還不到一百萬人。一九六〇年代，美國政府終於承認過去的政策有種族歧視之嫌，開始開放門戶。因此在接下來的幾十年中，總共有三百五十萬的亞洲人移民美國，這是來自亞洲大陸的第二波移民潮，組成更為多樣化，包括印度人、韓國人、越南人、柬埔寨人、寮國人、苗族人和瑤族人等。許多人來自受到戰火蹂躪的國家，抵達美國的時候一無所有。

我二、三十歲當記者時，寫過很多關於這些新移民的報導。我發現每個族群都複雜而獨特，認為自己跟其他亞洲族群不一樣，而且彼此之間往往也不太合拍；這其實一點也不奇怪。那些老一輩的移民，父母親和祖父母們通常都會跟自己的同胞聚在一起：越南人跟越南人在一起，韓國人跟韓國人，柬埔寨人與柬埔寨人。

但那些在美國長大的孩子和孫子們將會發現（或是被迫產生）彼此的共通點。多年下來，他們會在無數的文件表格中勾選「亞洲人」選項，承受同樣的褒貶讚譽，居住在同一個社區或國宅，分享類似的挑戰和願望——其中最重要的就是變成美國人——所有這些都會迫使越南裔、柬埔寨裔和和菲律賓裔的年輕人接受這個「亞洲人」類別。

也許美國人把他們看成同一類，才是最大的統合力量，那些造成他們變得完全一樣的特徵就叫做「種族制服」（racial uniform），這是社會學家羅伯特·帕克（Robert Park）創造的名詞。這身「制服」指的是那些特定的眼睛和鼻子形狀、頭髮和皮膚顏色，還有體型，通常比較矮小也比較瘦。這些過去被稱為黃種人、蒙古人種或東方人的身分標誌，現在都被歸類為亞洲人。

那些在亞洲本來毫無關聯的年輕人，會在美國發現彼此相互聯繫在一起，他們的子孫後代更是如此。從抵達的那一刻開始，時間過得愈久，他們就愈亞洲人。這個情況有點類似從非洲來到美國的黑奴。「我們過來時可能搭的是不同的船隻，」馬丁路德．金恩（Martin Luther King Jr.）說：「但現在我們都在同一條船上。」我們亞洲人現在也都在同一條船上。這一身制服不會說謊。就像麗莎在廣場大道上所說的：日本人、中國人、菲律賓人，都一樣！

一九八二年夏天，底特律發生了一件大新聞：陳果仁遭到殺害，這件案子影響了我們很多人。陳果仁是一位中國洗衣店老闆的養子，當時他二十七歲，是在汽車城長大的本地人。那時候他就快要結婚了，一群朋友開了單身趴慶祝，地點就在離他家不遠的高地公園（Highland Park）某家叫「花內褲」（Fancy Pants）的脫衣舞酒吧。當他們跟幾個舞孃鬧在一起時，隔桌有兩位白人，羅納德．伊本斯（Ronald Ebens）和他的繼子麥克．尼茲（Michael Nitz）過來挑釁，說些種族歧視的話。那兩人一直說陳果仁是個「力本鬼」，其中一個人對他大罵：「就是你這種小混蛋害我們都失業了！」

伊本斯本來是克萊斯勒公司的工廠主管，而尼茲則是失業的汽車工人。當時美國汽車業一再大規模裁員，大家都說是因為日本車熱銷的緣故。伊本斯的老闆，克萊斯勒公司董事長艾科卡（Lee Iacocca）就曾開玩笑地說，要解決這個問題可能要再對日本丟原子彈才行。密西根州的眾議員約翰·丁格爾（John Dingell）也譴責那些「黃種小人」搶走勤勞美國人的工作。於是「黃禍」說法再度復活。作家謝漢蘭（Helen Zia）也是被克萊斯勒公司裁員的底特律工人，她回憶了當時這個城市的氣氛：

> 當地工會贊助工人在示威活動中砸爛日本車，敲它一鎚可以得到一美元的補貼。那段期間有很多日本車遭到破壞，車主甚至就在路上慘遭槍殺。在電視、收音機和當地的街道上，反日的誹謗與污誣巇可說是司空見慣。汽車公司的亞裔員工被警告不要到廠上班，因為可能被認成日本人而遭到憤怒工人的傷害。

伊本斯和尼茲在「花內褲」挑上陳果仁來發洩他們的挫折。他們蓄意挑釁，雙方打了起來，酒吧把兩邊的人都趕了出去。那對父子從車裡拿出「路易斯維爾強打者」（Louisville Slugger）的球棒，在附近麥當勞的外面找到陳果仁。他們把他打倒在地，尼茲扭住他的雙手，伊本斯用球棒一再痛毆陳果仁，把他的頭蓋骨打到凹陷。四天後，這位準新郎宣告死亡。他其實就是底特律本地人，兼了兩份工作，跟任何勤奮的美國人沒兩樣。但攻擊者認為，這筆帳就該讓他來還。社會大眾對日本人的憤怒，已經殃及任何**看起來像是**日本人的無辜者。

這件事後來成為美國亞裔族群團結在一起的契機，過去他們彼此之間其實少有接觸。許多華裔、日裔、台裔、韓裔和菲律賓裔人士出面聲援，呼籲大家要團結在一起。這些正式的關係，也對街頭和校園中一些非正式接觸起了帶頭作用，於是一種新的泛亞意識開始形成。某些學者認為陳果仁事件是個重要的分水嶺，讓美國亞裔開始成為被看見的社會存在。亞裔人士都很清楚，那晚躺在麥當勞外頭的可能是他們之中的任何一個。

陳果仁事件也標誌著一些其他的變化。美國社會對亞洲人和美國亞裔帶來威脅的仇視，似乎從原本的社會底層逐漸向上移動，而這個轉變似乎與「亞洲人」稱呼取代「東方人」有關。過去在殖民脈絡下使用「Oriental」這個字，是認定東方人天生就比較低劣。所以當時「東方人」對西方人構成的威脅指的是，他們會搶走白人勞工那些技術含量少、層次低的工作，或者是透過通婚而污染了白人種族的血脈。那威脅感來自底層，因為「東方人」在社會位階中被認定為較低的階級。

但在一九八〇年代出現了一種新的恐懼：也許這些亞洲人其實比較**優秀**。不是在生理上（雖然有些人這麼認為），而是在文化上。日本從戰敗廢墟重新崛起，短短幾十年就成為全世界第二大經濟體。日本車正在占領美國的道路。中國也正發展壯觀的經濟改革，台灣和韓國早就騰飛而上。專家觀察，事實上亞洲人也許更聰明，而且也好像更勤奮、更努力，更有紀律且更積極，願意為長遠利益犧牲。評論家高爾．維達（Gore Vidal）在《國家》雜誌（*The Nation*）撰文預測，一個以「黃色」為頂峰的全球新秩序就要出現了。他提出警告，要是白人未能應對挑戰：「我們最後都會變成十多億效率極高的亞洲人的農民，或更慘的是，只是他們的消遣玩物。」

亞裔被視為「模範的少數族群」的看法，延續到二十一世紀。亞裔移民往往被視為比美國人更勤奮、更具創業精神和公民意識，且更喜歡建立團結凝聚的社區。但是亞裔的成功煽起了新仇視。就跟陳果仁所遭受的待遇一樣，亞裔人士有時會被認為跟某個境外的龐大帝國有關係，他們搶走愈來愈多「真正美國人」的工作：不僅是勞力，還包括工程、醫療保健、製造和通信等專業技術工作。也有人認為他們搶占了精英大學的入學名額，主宰電腦程式與電算技術等產業，以致於許多觀察家都在懷疑那些限制亞裔人數的潛規則，所謂的「竹子天花板」（bamboo ceiling）是否真的存在。

「亞洲人」稱呼也帶來一套新的刻板印象，其中有許多可以反映出維達所害怕的、如機器般冷酷的效率。現在的亞裔人士常常被視為「科技怪才」、「數學奇才」或「書呆子」，這些矮小、害羞但勤奮好學的地鼠可能會慢慢而低調地統治整個世界。

後來我們在布隆克斯住了三年半，我沒再碰到那個玩具槍小子，不過他偶爾還是會在我腦海中盤旋。我還記得他那雙眼睛，棕色的臉上嵌著黑黑的眼珠。那場僅僅三十秒的巧遇好像持續了四十年。我相信這是因為他剛好就踩在我身上一根才剛暴露出來的神經。喬伊．韋伯在七十九號中學咚咚作響的樓梯間問我的那個問題，一次又一次地發出回音。

「你他媽的本來是什麼啊？」

真的，我應該是什麼啊？我十幾、二十歲的時候，嘗試過套上各個族群的制服：我曾經加入郊區的白人兄弟會一段時間；我曾經很短暫地在貧民窟扮黑仔，還用長爪鐵篦梳了個爆炸頭；我曾經是個扭屁股跳舞的拉丁情人、波多黎各嬉皮客、墨西哥混血小哥，還有美洲原住民占卜師。我期待獲得瘋馬和約瑟夫酋長的引導，找到他們被消滅前所見的幻象。我像在梅西百貨的試衣間換上各式各樣的制服，每次都要花上幾個月甚至幾年的時間。我唯一不想穿的就是亞洲人的制服。因為我早有結論：在這個巨人的國度中，當個亞洲人就不算是個男人。

在我們搬家前，我又碰到麗莎好幾次。她跟以前一樣友善，一點小事就能逗她發笑。雖然笑得很假，但我也不介意。有一次她在傑若米大道上的披薩攤買了一片西西里披薩給我吃，我們像朋友一樣聊天。「學校還好吧？」她問，但我注意到她並不在意我的回答，兩隻眼睛一直掃視人行道，看看有沒有認識的人。我要是可以變得更有趣、年紀再大一點、長得再高一點就好了。我把她的紫丁香味吸進肺裡，希望直到夜晚躺在床上時都不會忘記。我幻想著自己跟她在一起，腦袋漸漸被性和戀愛所占據；通常性排在比較前面。那時候我最想要的，就是好想跟哪個女孩合而為一啊。

有一次我看到麗莎跟幾個人走在一起，手牽著一位頭髮亂糟糟、沒什麼鬍鬚的年輕人，他穿著一件披風外套。我伸長脖子張望，想看看麗莎選擇了什麼樣的男人，不過他們一下子就在人群中失去了蹤影。後來我再也沒見過她。直到隔年我們搬離布隆克斯之前，每次上下學經過她的公寓大樓時，我仍會刻意放慢速度，慢慢走近、緩緩走過去，再回頭看看那道門是否會在我身後開啟。

Chapter 4

Seeking Hot Asian Babes

要找個亞洲辣妹嗎？

我的黑髮呀
千纏萬繞的黑髮
——與謝野晶子（Yosano Akiko）

我到現在還記得她的樣子。稚嫩的臉，黏上去的假睫毛眨呀眨的。但其實我們沒有說過話，也不認識彼此，只有經過彼此時短暫的目光交會，幾乎是剎那的一瞥。但每當我回想起自己第一次去宿霧的時候，就會想起這個很努力讓自己看起來像個女人的小女孩。我在島上的幾趟短程旅行常會看到不少令我內心震撼的事物，但只有她經常浮現在我的記憶之中。

那趟旅行，不只是為了麥哲倫紀念碑；不只是為了十字路口上不知道從哪裡突然湧現的小乞兒，他們的手指貼在車窗上多得像陣大雨，又髒又缺牙的臉既絕望又狡猾；不只是為了河岸邊那些遭到遺忘的貧民區；不只是因為赤腳大眾抬頭仰望李察・基爾（Richard Gere）和《麻雀變鳳凰》的電影大看板；也不只是因為我的司機巴比問我：「今晚要女孩嗎？我可以安排。一小時沒問題。兩個小時、一整夜都很簡單。還是你喜歡處女？也有。」

旅程中最讓我震驚的，是看到一些女孩和年輕女人與年紀老到可以當她們爸爸、爺爺甚至是曾祖父的白人男性走在一起，手牽手或摟摟抱抱像對情侶。我曾經看過這種報導，也知道自己可能會碰上，但親眼看到他們就在我面前出現，而且人數如此之多，還是讓我非常驚訝。這種情況幾乎無所不在，在我眼前來來去去沒停過：他們從計程車裡鑽出來，走進臭氣薰天的街市，消失在人群中，或是走進飯店大廳和昏暗的門廊。我的目光總跟隨著他們。

「你喜歡嗎？」巴比會問：「我可以安排。」

不必。專心開車吧。

「好的，先生。也許晚一點，沒問題。」

某天晚上，我在芒果大道的自助餐館吃晚飯，我坐在幾株灌木盆栽旁邊，鄰座就坐著一對這樣的情侶，離我比不到一輛吉普尼的距離。我故意坐在他們的正前方。她看上去才十五、六歲，身材不高，有點胖，穿著緊身洋裝和非常高的高跟鞋。臉上的濃妝艷抹更加突顯了她的嬰兒肥，血紅色的指甲油看起來像是匆匆忙忙塗上去的。而他一頭銀髮，臉色蒼白，顏面鬆弛而下垂，像是一隻年老的沙皮狗。上揚的白眉下，一對淡眼珠轉來轉去。我猜他應該五十好幾、甚至超過六十歲了吧。他是餐館中唯一的白人。這對情侶大部分時間都靜靜地坐在桌前，兩人各有一隻手擱在桌上，她的手一直撫摸他的。

「還要再吃點麵嗎？親愛的。」她輕聲說。

「夠了、夠了。」他邊說邊瞥了我一眼。我調轉視線，拿起我帶來的報紙。

「真的嗎？我可以去拿。」她堅持地說，眼睛閃爍著奉獻的光芒。

「好吧、好吧。」他說：「再來一點。不要細的，要粗的那一種。」他聽起來好像快要失去耐性。口音像是美國中西部，明尼蘇達？還是威斯康辛？他歪著脖子說：「我不喜歡細的那種，懂吧。」

「不要米粉，要廣東麵，對吧？親愛的。」

「對，幫我拿粗的。」他說：「但不要太多。你總是拿太多。半盤就好，聽到了嗎？」

她的手緩慢地在他的手上繞著圈撫摸著，站起來之前又溫柔地拍了一下：「當然，親愛的，廣東麵。你喜歡廣東麵。」

他又拿起一個空杯子遞過去：「你過去的時候再幫我倒一點，懂吧。」

她拿起玻璃杯，親一下他的臉頰，然後走向我座位的另一邊去拿餐點。我看到她眼中的光芒迅速消失，嘴唇緊緊抿成一條線，就像操縱她臉部表情的線突然鬆了。當她走過我身邊的那一刻，她的表情看起來更像是街上敲打車窗的孩子。

我放下報紙，歪著頭瞪著沙皮狗先生。這次我想讓他看到我，我們目光相遇的瞬間，他迅速轉頭，牙關咬緊又放鬆，放鬆又咬緊。

我環顧餐館中的客人、櫃檯後面的女老闆，頭髮油亮的店經理正低聲指示服務生。我腦中傳來一聲尖叫：大家都沒意見嗎？有誰會對此做點什麼嗎？我想像著相反的情況：在愛達荷州首府波伊西的擁擠餐館中，六十歲的亞洲老頭帶著一個穿緊身洋裝和高跟鞋的十五歲金髮女孩，當場摟摟抱抱兼親嘴。難道大家也會坐視不理嗎？也許我高估了美國人的正義感，才會對當地人放任沙皮狗先生為所欲為感到自以為是地憤慨。不過我的憤慨對飯店那位櫃檯老人似乎顯得太天真了。我跟他說了這件事，他說這些島上的情況就是這樣嘛：外國人想幹什麼都行，當地人還會笑著叫他們「先生」。

「見怪不怪囉！」他說。

每當我想到殖民地時代亞洲女性過得比亞洲男性好的時候，我都會想起沙皮狗先生。

當時，亞洲對我是個全新的地方。我在亞洲大陸上看到諸多類似情景，自助餐館那一幕只是其中之一：有錢又有權的外國男性搭著噴射客機進進出出，而當地婦女則困在大多數西方人無法理解的貧窮困苦之中。

這種貧困是住在簡陋木板屋，每天花費大概只有一美元，早晚都吃炒飯，大小便都在桶子裡。因為實在太窮太苦，農村婦女甚至願意在小舞台上跟狗性交，一週表演六晚，醉酒男人在旁圍觀哄鬧。只需要一片薄餅披薩的價錢，就讓一些外國肥仔戴著保險套或任何像是陽具的東西插進她們身上任何孔洞。舔著外國人的卵蛋和他們泛著油臭的鬆軟胯下，像面對蘇丹一樣地奉承討好——**要再一點廣東麵嗎？親愛的**——也許，只是也許，要是幸運降臨，碰上真愛，這些男人也許會想要帶她們回美國。那就中大獎囉！

在這裡為所欲為的不只是美國男性而已，還有來自西歐、澳洲和紐西蘭的男人；來自中東產油國；來自拉丁美洲幸運的混血階層。這些人讓各地的性旅遊服務業蒸蒸日上：菲律賓的安吉利斯（Angeles）和奧隆阿波（Olongapo）；柬埔寨金邊的漁村沙威帕（Svay Pak）；泰國曼谷的拍蓬街（Patpong）；還有像是宿霧芒果大道等其他較小、較不出名的地方。根據估計，在泰國的伊善（Isaan）地區，有十五％的婚姻是泰國年輕女孩配上六十幾歲的西方老男人。

美國作家博伊．德門特（Boye De Mente）在他那本出版已久但仍然發人深省的著作《單身漢在日本》（*Bachelor's Japan*）中，針對西方男性為何喜愛亞洲女性提出自己的見解：「因為她的外表純真，可愛的娃娃臉特別討好西方男性（而且顯得年輕又天真，西方女性於此相差甚遠）。她的體型纖巧，像十四、五歲的白種小女孩，活似一顆任你摘食的禁果。」此外，德門特說亞洲女性會讓那些對性能力沒信心的男人感到安全。這些男性「不會再感到恐懼，因為**他們覺得自己天生就比較優越**，因此無須感到羞恥」。

我在上海見識過許多個博伊．德門特和沙皮狗先生帶著他們的亞洲女孩在南京東路滿街華燈下漫步，這就是一座被西方殖民者搞成「亞洲妓女」的城市。我在印尼日惹的花街大道（Jalan Pasar Kembang）上看到外國人笑著挑選櫥窗女郎，就像在買鞋或棒球手套一樣。我在北京崑崙飯店外面，距離天安門廣場十分鐘路程的地方，看到一輛輛計程車為飯店大廳裡焦急看錶假正經的商人載來濃妝艷抹、腳踩高跟鞋、手拎假名牌包的伴遊小姐。我跟一位新加坡女孩坐在一起喝義大利咖啡時，她用優雅的英國腔對我說：「怎麼了？親愛的，你這是在嫉妒吧。你要我們也對你屈迎奉承才行嗎？」

當然，這種花錢就買得到的歡樂，亞洲男性也一直樂在其中。隨著亞洲經濟體興起，愈來愈多來自印度、中國、日本、台灣、南韓和其他經濟優勢國家的男性前往鄰近國家買春。為這些女人拉皮條，從性交易中獲利最多的，也幾乎都是男性，亞洲本地人的男性。不過，性旅遊產業（特別在東南亞地區）會發達興旺到現在這種程度，主要是為了滿足西方男性的欲望。

以泰國來說，一九五七年時只有一萬到兩萬名妓女。後來美國開始打越戰，泰國不但是美軍的結集待命區，更是重要的休閒娛樂區。在越戰打得最厲害的時候，泰國的妓女人數爆增至幾十萬人。確切人數眾說紛紜，但現在泰國的妓女人數，少則三十萬、多則兩百萬。在每年前往泰國的兩千萬觀光客中，有六成都是男性，而且其中高達七十%都是為了性。

西方畢竟贏了。歐洲對亞洲的征服欲望，背後的推進因素一直以來都包含著性欲。除了追求財富和冒險之外，還有色欲接觸的保證，口耳相傳的耳語後來被煽動得像是個傳奇，先是探索者和冒險家，最後是士兵和軍隊，大家一起向東方前進出發。

這很可能從古希臘人時代就開始了。那位集愛、美、性於一身的女神愛芙羅黛蒂的起源可以追溯到「東方」的混合體，也就是現在的中東地區。愛芙羅黛蒂正是東方女人理想典型的古老實例。對她的崇拜等於在思想上種下幼苗，將東方視為女性、頹廢和誘惑的象徵。

荷馬史詩《伊里亞德》一開始就是兩名希臘主將阿奇里斯和阿加米農為了一位年輕女奴而大起齟齬，這個女奴是從小亞細亞擄來的公主，東方女性等於是西方勝利者搶來的戰利品。羅馬征服耶路撒冷後，皇帝維斯帕先（Vespasian）特別做了一套錢幣。理查．伯恩斯坦（Richard Bernstein）的著作《東方、西方與性》（*The East, the West, and Sex*）指出，這套錢幣其中一面是一位凱旋的羅馬士兵，「筋肉健碩充滿了男子氣概」；另一面則是代表著猶太人的女人，她低頭順服暗示著「即將到來的侵犯」。

到底是誰把這些傳聞誇大到神話的程度？威尼斯探險家馬可波羅（Marco Polo）的嫌疑可能比任何人都大。現在有很多學者都在質疑他話語的真實性。但是他談到的廣大後宮和東方旅行途中的愛欲橫流，早在十三世紀初就讓西方男性興奮不已。馬可波羅說，絲路沿途的民家主人「都同意讓他們的妻子、女兒、姊妹和其他女性親戚滿足賓客的任何願望」。他說忽必烈大汗搜刮了幾百個美麗姑娘，「任憑處置」。馬可波羅寫道，中國妓女讓外鄉人「陶醉不已，淫佚放蕩的技巧令人永難忘懷」。後來當然還有一批探險家和敘述跟著大放厥詞，說什麼東方女性的陰戶橫著長、陰蒂又超大，這類鄉野奇譚更鼓勵了歐洲男性一定要來親身領略，於是東方女性成為幻想迷戀的神祕對象。

整個歐洲的王公貴族都讀過馬可波羅的記述。哥倫布（Christopher Columbus）也受到極大啟發，他穿越大西洋尋找東方航線的探險旅途就帶著馬可波羅那本書。後來那些傳說又影響了喬叟和但丁，而後世的西方作家：福婁拜、梅爾維爾、紀德、康拉德和毛姆等又跟著敷演成篇，把東方說成是一座廣闊無邊的性愛樂園。

不過那些敘述確實有不少內容是真的。伯恩斯坦所說的「後宮文化」早在歐洲人到來之前就已經存在，這是東方男性為了自身利益，確保特權男性都有一群專用的婦女以滿足性欲。這些婦女包括大汗和皇帝的妃嬪、蘇丹幽禁的處女、達圖（datu）貴族的情婦、軍事將領的戰地小妾、幕府將軍的藝妓、族長頭目的陪睡婦。這些婦女，最好的狀況是地位卑下的媵婢姬妾，最糟糕時就只算是會動的財產。

媵婢姬妾可以出售、可以交易，要送人、要拋棄甚至處死都隨你高興任憑處置。中國古代的將軍孫武據說就曾經下令，把兩位最受君王寵愛的妃子公開砍頭來展示軍法威嚴（因為那些女人在不該笑的時候咯咯發笑）。要是主人死了，婢妾可能會被活埋殉葬，好繼續服侍主人。早在西方人踏上征服旅途之前，東方婦女在男性世界中就已經是禍福隨人，身不由己。

西方對東方的蠶食鯨吞跨越了四百年，從裡到外是徹徹底底的男性事業：由男性計畫和執行，滿足男性的貪婪欲望，完全為男性服務。英國學者隆納德．海姆（Rhonda Hyam）曾說，殖民主義「把整個世界都變成白人的妓院」。在亞洲，那個模式早就在那裡備著囉，頂多就是換個主人而已。

這種狀況在第二次世界大戰時就發生過，美國占領軍接收了日本的性奴隸。當時的日本曾經強迫八萬名中國、韓國和菲律賓婦女為日軍提供性服務，這些「慰安婦」的遭遇不堪想像。然而根據倖存婦女的證詞，二戰結束時美國仍繼續延續日本人的做法，照樣充分利用了「慰安所」，那些婦女只是換了一個主人罷了。

隨著時間的推移，後宮文化也逐漸變成一種資本企業，西方人的購買力讓他們可以毫無限制地獲取他們想要的任何肉體歡愉。什麼東西都買得到，包括跟兒童性交。人道組織統計指出，現在不到十八歲的東南亞妓女比例多達三分之一。如果說是東方讓婦女和兒童淪為奴隸，西方則把她們變成廉價商品。

與過去妾婦媵婢相同階級的婦女，現在則從事性工作。亞洲的性工作者衍生出許多可疑的職業，可謂名目繁多：女侍、陪酒、伴遊、私人陪同、招待、女友、按摩師、吧女、浴女、舞女、情婦、女僕。我到過馬尼拉的髮廊，那些女性工作者會替客人剪頭髮、修指甲，如果需要的話也提供性服務。在中國，有些地方稱之為「二奶」，意思大概是「第二對乳房」吧。日本的性工作者從事「賣春」，大概是「販賣青春」的意思；或是「援助交際」，也就是花錢補貼約會；還有「健康快遞」（oderibarii herusu），是外送型的性交易。韓國則稱性工作叫「淪落」（yunlak），意指傷風敗俗。

在菲律賓、越南、柬埔寨和泰國，許多性工作者認為她們選擇的這條道路，是實現夢想生活的最後希望。我在菲律賓透過一個叫做「加布里拉」（GABRIELA）的人權組織，認識一些為外國旅客提供短期「伴遊」的婦女。我花了點時間去了解這些女人和她們的家人，幾乎每一個都希望藉此找到真愛，獲得一張前往西方的門票。

我猜想沙皮狗先生的那個年輕女孩也是這種伴遊小姐。「當然，親愛的，廣東麵。你喜歡廣東麵。」她說，把他當成最後的大獎。沙皮狗先生有錢啊！他拿著進入天堂的鑰匙和門票，他是盔甲閃亮的騎士。那個年輕女孩也知道自己機會渺茫，沙皮狗先生假期結束後大概就會搭著大型噴射客機回家，再也沒有消息。

不過有時候，有些男人真的會把那些女人帶回家。

一九九四年的冬天，高大魁梧的四十七歲美國人提摩太．布雷克威爾（Timothy Blackwell）就帶著一位菲律賓女孩蘇珊娜．雷梅拉塔（Susana Remerata）回到西雅圖。他只是個勞動工人，肥胖超重又禿頭，大概難以博得女性青睞。他們兩個剛認識時，她才二十一歲。她長得美麗而嬌小，只有四十五公斤，而且一直夢想著能去美國。

這兩人是透過一個叫做「亞洲相親」的婚姻介紹所認識，他們提供一本菲律賓婦女名錄給布雷克威爾挑選。名錄封面上寫著：「美麗的太平洋女郎」、「東方之珠：美麗、嫵媚、優雅又熱情的女士」。布雷克威爾挑了二十幾個，買下她們的姓名和地址等資訊。他一一加以聯繫後，蘇珊娜的熱情讓她成為首選。

布雷克威爾飛到菲律賓看她，在她的村落卡坦岡（Cataingan）像個貴賓一樣受到熱烈歡迎。馬斯巴特島（Masbate）上都是農夫和漁民，他挺著壯碩身材在村鎮昂首闊步，比當地的任何人都來得高大，散發出西方白人（尤其是美國人）的魅力光環。布雷克威爾扮演好自己的角色：他慷慨地贈送蘇珊娜及她的家人許多禮物，他的美元代表著她從不知道的財富。蘇珊娜住的房子沒水沒電，也沒有室內浴廁。

「就是他了，他就是真愛！」她對朋友說。

最後布雷克威爾花大錢辦了一場盛大鋪張的婚禮。全村的人都出席了，至少他覺得是如此。他仔細計算開支，包含蘇珊娜飛到西雅圖的機票費用，總共花了一萬美元。蘇珊娜實現了自己的願望，她終於來到這片夢想的土地。但是布雷克威爾並不是他在村落裡假扮的那個人。當她知道他其實生活窘迫時，感到非常震驚，這個事實在她走進那間狹小公寓時變得清晰起來。結果他們的婚姻在美國才維持了十三天。

後來她在法庭上說他虐待動粗，罵她跟罵小孩一樣；他說她冷酷無情、居心叵測，只是利用他來獲得美國公民身分。他主張要把她驅逐出境，她說他可能是個同性戀。在他們申訴婚姻失效審判的最後階段，布雷克威爾在法院走廊上，平靜地從公事包裡拿出一把九〇手槍，對蘇珊娜近身開了三槍，在那把槍掉落在法院木椅上之前，槍管幾乎頂著蘇珊娜的身體。後來他因殺人罪被判無期徒刑，而蘇珊娜的遺體被運回卡坦岡，安葬在距離出生之地騎腳踏車就能到的墳場。

我為《西雅圖時報》做了這則報導，後來又在電視新聞節目《六十分鐘》做了一次單元報導。這則報導讓我發現一個不為人知的世界：專門為第一世界男性與第三世界女性拉紅線的婚媒產業。我在芒果大道上看到沙皮狗先生和他那位青少年伴侶之間的權力不平衡，那失衡在這個產業中是被正式定型在交易之中的。而許多男性也就是靠著那樣的不平等予取予求。那些「東方之珠」都應該要服從男性、服侍男性，不該提出自己的要求。這也是那本名錄的封面所承諾的福利，東方女孩都應該是這樣。要是那些女孩沒有達到預期要求，男人可以直接退貨，就像布雷克威爾想讓蘇珊娜被判驅逐出境一樣。

華盛頓州艾芙瑞市的一位中年男性對我說：「你在這個國家經歷過的幾次婚姻，只會讓你得到一大堆美國女人和她們各式各樣的解放。」他是長途貨運司機，後來在「亞洲相親」的婚介所找到一個太太，達到標準的新娘：「現在，你可以去菲律賓、去亞洲找啊，那些女孩都很乖，每一個都很聽話。這就是那裡的文化嘛，她們認為男人才是一家之主。」

從一九九〇年代中期開始，這種婚姻介紹開始由線上服務取代印刷名錄。每年有成千上萬的亞洲婦女通過這樣的服務離開她們的國家：柬埔寨有四千人，菲律賓七千人，越南一萬人，都成為外籍人士的未婚妻或妻子。有時候外籍人士直接搬去新娘的國家居住更方便，因為外幣在當地更好用，像泰國東北部現在就有大約十萬名外籍老公永久定居。在某幾個村莊裡，外籍先生甚至高達八至九成，分別來自德國、瑞士或美國。

這些網站通常會像以前的印刷名錄一樣為女孩打廣告，當然也強調東方女孩的神祕感。用Google搜索「seeking Asian women」（尋找亞洲女性），搜索結果高達二千四百多萬條，有各式各樣的網站為西方男性提供各式各樣的服務、找到各式各樣的亞洲寶貝，不管要在海外或美國本地；要愛情和婚姻；是長假伴遊，或只是去公路摩鐵六十分鐘滿足一下東方幻想，通通都能被滿足。

許多這樣的婚媒網站會同時連結到色情網站。它們的共同主題之一就是：「雄偉碩大」的白人或黑人，對「嬌小纖細」亞洲女性的性支配。這個不對稱正是魅力之所在。在西方的色情影片裡，「亞洲」特別獨立出來成為一個類型，指的當然幾乎就是亞洲女性。色情影片中的「亞洲」要素，通常表示對那些女性可以毫無節制地羞辱。

二〇〇一年，我寫過一篇史坡堪市的報導，是兩名日本女孩遭到三位當地男性綁架，後來發現那三人懷有所謂的「亞洲迷戀」（Asian fetish）；這是指某些非亞洲人，通常是白人男性，對亞洲女性懷有強烈到近乎病態的「性」趣。史坡堪當時的警察局長羅傑．布列登（Roger Bragdon）說這是他碰過「最卑劣的罪行之一」。布列登的太太就是日裔美國人，他後來好像親自偵辦這件案子，而且指派十二位警探一起辦案，陣仗空前。

施暴的是當地SM性愛俱樂部的成員，他們曾到市郊的日本學校——武庫川女子大學查看過。那所學校位於史坡堪河旁的林地，占地約二十九公頃。在一個寒冷的十一月早晨，這三個人在公車站綁架兩名青少年女孩，載往史坡堪谷的一處房舍施以長達七小時的虐待和強暴，才將她們釋放。施暴過程甚至被犯人錄下影片。這三人中帶頭的是四十歲的艾德蒙．「艾迪」．鮑爾（Edmund "Eddie" Ball），他的朋友說他是「可愛的紋身壯男，外表兇暴的泰迪熊，經常帶著一把超大的獵刀和一根牛皮鞭，剛好最愛虐待別人」。

其中一位受害女孩精神嚴重受創，幾乎說不出話來，甚至有自殺傾向。另一位女孩雖然想馬上回到日本，但還是留下來協助警方直到找到嫌犯。施暴者在供詞中都承認，之前曾兩次企圖在史坡堪地區綁架亞裔女孩未果。而他們被捕時，也正計畫再次犯案。

警方發現鮑爾收藏了許多日本繩縛色情影片，其中有些是他四年前去日本旅行帶回來的。那情境浮現在我面前：他在東京的歌舞伎町徘徊搜尋，培養出他的亞洲迷戀。我可以想見，他在那些陰暗房間偷窺假扮的武士強迫藝妓順從屈服；走進那些真人大小的性愛玩偶出租店，那些玩偶都配備著小孔穴，提供特別的服務；或是偷偷溜進那些設計成地鐵車廂的地方，只要花錢就可以恣意撫摸那些穿得像學生的女孩。我猜鮑爾一定在這些地鐵裡消磨過不少時光吧。

他走在東京街上，就像提摩太．布雷克威爾在卡坦岡，或沙皮狗先生在宿霧一樣：從他們的幻想中搜索可能性，找尋當地婦女。每年有成千上萬的西方男性和愈來愈多富有的東方男性也都是如此。他們透過這樣或那樣的管道，帶回這樣的影像和印象，不管誇張與否，都讓謠傳變為神話；他們寫下這樣的遊記和部落格貼文；他們偷偷對朋友談起豔遇或傳聞，就像鮑爾煽動幫兇一樣，這樣的故事更加助長神話的蔓延。**那些棕色的小女人都是人間肉便器！**

這個神話在美國有其獨特的淵源。十九世紀的移民政策只允許亞裔男性進來當工人，不准帶女性入境。因為美國人擔心男女兩性都進來的話，會生出一大堆黃種娃娃。少數獲准進入的亞洲婦女都是照片新娘、戰爭新娘、郵購新娘或妓女。入境與否的基本條件之一，就是性。在某些美國的西部城鎮中，中國婦女都會被直接認定成妓女。而這些女性又進一步強化歐洲人對東方的想像，隨著歐洲人漂洋過海移民美國，這個想像也跟著進入西部地區，甚至一直保留到現在。東方女孩就該是被男性消費的玩物。

我親眼看過這個神話對美國亞裔女性的嚴重影響。她們的生活因此變得更險惡，有許多看不到的陷阱。那些豺狼虎豹可都在等待著捕食的機會。她們獲得的每一項成就都會招來質疑，甚至連她們自己都會自我懷疑，類似的憂心恐懼從沒少過。

「當對方發現我跟他想的不一樣，我就會感到很緊張。」一位住在紐約的華裔女孩對我說：「你的舉止要符合他們的猜想，他們才會喜歡你。如果不一樣，他們就會很失望。不然他們對你是很感興趣的。但這種刻板印象也很煩，你懂吧？就像：『喔，我就應該要又乖又聽話嗎？很抱歉！』然後突然間他們就把你當作龍的婊子傳人一樣。」

這在西方人的想像中，又變成另一種剛好相反的亞洲女性原型：霸氣、蠻橫又冷酷，不擇手段以遂己意的「龍女」（Dragon Lady）。所以亞裔女性如果不是一朵又乖又聽話的蓮花，就是一個會噴火的女暴君。

我在報社看過一個女人從一朵鮮花變成噴火龍。她是美國華裔，身材窈窕又漂亮。她剛進報社的時候，新聞室的老編輯都說她是個可愛的女孩，是需要大家的呵護和指導的漂亮寶貝；但時間一久，她開始嶄露鋒芒、發揮能力，也就漸漸難以駕馭。等到她的職位慢慢升上去之後，很多同事（不論男女）對她的態度就轉到另一個極端去了。大家對她的傳言不斷，說她狡猾又壞心，是個陰險的自大狂。「就是一條蛇！」有位同事這麼說，我還記得他低沉嗓音裡顯露的憎恨。這個轉變真是令人目瞪口呆。

身材和臉蛋不符想像的亞洲女性也是如此，那位紐約女孩告訴我：「我們大多數人的遭遇都是這樣。」一個看起來不像中國娃娃或藝妓的亞洲女性不只會遭到忽視，還會被當成醜女。紐約女孩說她有個台灣來的朋友，她的臉比較大，有點肉肉的，就幾乎都沒人約。她在高中時還被叫做「豬小姐」。這時紐約女孩扮了個鬼臉說：「基本上，你只要長得不符合他們的幻想，那就是醜到沒得比的醜女啦。」

還有一位住洛杉磯的越南裔女孩說：「對那些盯著我的男人、找我聊天的男人和面試我的男人，我都會懷疑他們眼中所看到的是不是真正的我。也許他們腦子裡只是在幻想一些色情片，以為我就是個東方蕩婦？」

「有一次在酒吧，」她繼續說：「那時我跟幾位女性朋友在一起，有個白人男子走過來講個沒完沒了，眼神閃著興奮，他說：『聽說亞洲女孩一直都是濕的。』拜託！真是夠了。雖然他不是一過來就這麼講，但也太口無遮攔了。我心裡想：『還真是夠文雅的，快滾啦！』我跟我朋友說這件事，大家雖然都笑了，卻感覺很不舒服。我們每個人都碰過這樣的事，讓我們真想回家啊。」

Chapter 5

Babes, Continued

再談亞洲辣妹

寶貝，我不能討好你；
我不能討好你，寶貝。

——珊姆・菲利普（Sam Phillips）

女性總是比男性弱勢，她們向來是遭到控制和壓抑的一方，在男性手中承受難以估量的痛苦。東方的女性和生活在西方的東方女性，情況都是如此。但我也相信，在二十一世紀美國的某些領域中，亞洲女性受到的待遇還是比亞洲男性來得好。

我先前提到的紐約和洛杉磯女孩也都承認，不管西方人對亞洲女性的刻板印象有多麼讓人生氣或感覺貶抑，一旦跟亞洲男性的遭遇相比，都還算是好的。「哎呀，這還用問嗎！」紐約女孩說，但她馬上道歉。為什麼算是比較好呢？因為就算一開始只是膚淺的認識或甚至是誤解，有人看、有人找總比直接被無視來得好啊。即使這樣的認知偶爾會讓人害怕或尷尬，總比被人完全無視來得好吧。

從東方主義延伸出來的神話，將整個亞洲人群體喻為女性，不管男人或女人都偏向陰柔那一端。這套種族制服將男性閹割成女性，而女性則遭到色情化。如果男性是最不像男人的男人，那麼女人就會是最女人的女人，更乖更聽話，對於更強烈的性需求也更敏感、更順從。這種觀點在現代美國的戀愛和婚姻領域中，對亞裔女性倒頗為有利，因為它帶有吸引力，卻沒有過去伴隨的殖民地卑劣感。

「哇靠！我愛亞洲女人！」大學時有一位朋友這麼對我說。他對她們總是厚著臉皮擠眉弄眼，有時候還會死纏爛打。我認識的一位資深新聞編輯，這位中年白人男性是我所知道最政治正確的人，他也曾經對我說過幾乎一模一樣的話，只是沒有驚嘆號。類似這樣的話我聽過很多遍，說話者通常也不覺得猶豫，因為它表現出亞裔婦女所希望的文化認可。

在一九九四年的電視影集中，傑瑞．山菲爾（Jerry Seinfeld）對朋友伊蓮（Elaine）說，他應該去追那個女律師唐娜．張（Donna Chang）。為什麼呢？傑瑞說他**喜歡**中國女人。伊蓮問他這樣是不是種族歧視，傑瑞說我喜歡她們的種族，怎麼會是歧視呢？其實那個節目使用任何亞洲國籍的女演員，都能表達同樣的觀點。這時，我聽見我的朋友麗莎和蘿絲瑪麗在廣場大道上的話語回音：中國、日本、韓國，不是都一樣嘛！越南、泰國、菲律賓，全是狐狸精！

亞洲女性在大學校園中，已被同儕公開宣稱為熱門商品。紐約大學的新聞部落格在二〇一一年有一則貼文：「紐大掀起『黃種狂熱』」引發關注，在臉書上獲得七百零八個讚，在推特轉發二十一次，總共有七十三條回應，很多留言都寫得相當長。這個「狂熱」是指白人男性在性與戀愛方面喜歡——有時甚至是迷戀——亞洲女性的現象。貼文作者，「NYUlocal.com」網站的王梅（May Wang）表示這種狂熱正在「席捲全國」。報導中受訪的兩位亞裔女性說她們不介意白人男性的關注；其實她們更喜歡白人男子。「秀出你的亞洲迷戀來啊！男孩們。」其中一個女孩說：「我們的人數足以分配！」報導中也有一位白人男性表示，他喜歡在愛情關係占據主導地位，他說他「絕對」是「黃種狂熱」的一份子，「因為亞洲女孩那種性格」，而且「她們身材嬌小」。獨獨有一位亞洲男性感嘆說反過來可行不通：「不幸的是，亞洲男性追不到白人女孩啊！」

哈佛商學院的學生報「哈布斯」（*Harbus*）幾年前也刊登過一篇類似報導：「性與校園：黃種狂熱來襲」。《西岸》雜誌（*the West Coast*）某篇報導開頭就引用加州大學爾灣分校的學生發言，標題是：「黃種狂熱：實在太熱了，這樣不太好」。這些報導都討論了大城市存在多年的現象，但有趣的是，這幾篇報導都是亞裔女性撰寫的。

針對男女約會的研究發現，美國白人大多數還是比較喜歡和白人交往。不過白人男性仍會在自己的族群之外尋找對象，有很多白人男性的確認為亞洲女性很有吸引力。這其實是互相的，因為也有很多亞洲女性喜歡找白人男性談戀愛。但所有種族的女性都一致認為亞洲男性最沒吸引力。哥倫比亞大學一項為期兩年的研究發現：「連亞洲女性都覺得，白人、黑人和西班牙裔男性都比亞洲男性更有吸引力。」黑人女性和亞裔男性都身處戀愛市場中的最底層，這兩個族群都哀嘆很多目標對象跑去找白人當伴侶。

約會模式當然會影響到婚姻狀況。在跨種族婚姻中，白人男性娶亞洲女性最為常見。美國的亞裔女性有一半以上都嫁給白人男性，日裔美國婦女嫁給非日裔男士的比例更高達八成。根據保守的估計，白男配亞女的情況大概是白女配亞男的三倍，在某些地區甚至高達二十倍。

但我其實不需要這些統計數字，只要看電視或流行文化雜誌就知道，在美國階級地位高的亞裔女性都比較喜歡跟白人男性在一起。比方說：作家譚恩美和湯亭亭；新聞主播宗毓華、安．柯瑞（Ann Curry）和葉秀寧；運動員關穎珊和克麗斯蒂．山口（Kristi Yamaguchi）；演藝圈的女演員劉玉玲、吳珊卓、胡凱莉和喜劇演員趙牡丹；還有時裝設計師王薇薇、藝術家林瓔、政治評論家蜜雪兒．馬爾金和美國前勞工部長趙小蘭。階級地位高的白人男性和年輕的亞洲女孩結婚的例子也不少，我們可以從伍迪．艾倫（Woody

Allen）和宋宜・普列文（Soon-Yi Previn）談起，她可是伍迪以前的愛人米亞・法羅（Mia Farrow）的養女。還有傳媒大亨梅鐸（Rupert Murdoch）和鄧文迪、電視公司執行長萊斯利・莫文維斯（Leslie Moonves）娶新聞主播陳曉怡、演員尼可拉斯・凱吉（Nicolas Cage）和二十出頭的愛麗絲・金（Alice Kim）、億萬富翁索羅斯和小提琴家珍妮佛・崔（Jennifer Chun），以及電影製片布萊恩・葛拉瑟（Brian Grazer）和鋼琴家阮氏朱江（Chau Giang Thi Nguyen）。

其實我連電視都不用看，只要看看自己家人就夠囉。我爸後來又再婚，所以我總共有六個妹妹，其中五個已經結婚，四個嫁給白人男性。唯一還沒結婚的那位也毫不保留地說要嫁給白人。這當然不能怪我那些妹夫——他們都是好男人啦——因為我的妹妹們都既聰明又漂亮嘛。

這些嫁給白人男性的亞裔女性，包括我的妹妹們在內，也都積極主動地參與這個擇偶過程，並不只是片面地被挑選而已。不過要是擁有白人男性伴侶的亞裔女性（包括我的妹妹們）告訴我說，他們相互吸引與種族無關，他們的愛情和種族、膚色毫無關聯，我也只能沉默以對。不管我說什麼，都只會讓人覺得我酸言酸語酸葡萄，對吧？我相信他們的愛情都很真誠啦，但我很難接受這裡面完全沒有種族因素的影響。

談到跨種族戀愛話題時，美國的亞裔女性和男性可是站在完全不同的立場，甚至經常會引發謾罵衝突。亞裔女性覺得這可能只是單純的「偏好」，但亞裔男性有時卻認為這完全就是背叛。而亞裔男性對女性的哀嘆，聽起來就像對她們進行人格謀殺。其實我們都會受到更強大的力量所影響。而我剛剛提到的那些女人，除了遵循自己的偏好之外，也為了生存和改善生活而追隨本能；本能的強大力量是難以抗拒的。而本能在某種程度上，是由我們生活中的文化所塑造出來的，因此我們的價值觀受到影響，也是無可非議。我頂多只能揣想，在我們的認知之外可能也會有不同的價值觀存在吧。

討人喜歡的好處可不只是約會談戀愛和婚姻而已。過去三十年的大量研究發現——其實這論點詩人們早就知道——至少在世俗層面上（相對於精神層面），有吸引力的人生活會過得更幸福：他們會得到更多的關注和鼓勵；更早獲得配偶，機會也更多；收入更高、升遷速度更快，獲得更多發展的機會；而且能在狀況不明或不利時得到更多信賴或包容。

我爸媽一起來到美國，但在這片夢想之地卻遭遇到不一樣的現實。從他們到美國的第一天開始，我媽獲得的選擇就比我爸多得多。她很快就被白人美國人接受，我爸則沒這麼好命。在我媽的日記裡，她常說那些美國人主管是多麼「歡迎」她、多麼「慷慨」。她會提到誰誰誰給她一份工作、約她去吃午餐、得知她腰痠背痛而幫她找到一把比較好的椅子、為她的工作做了很棒的調整，甚至升遷；還有某某先生不斷告訴她有什麼好機會，向上級推薦她，帶她參加那些大人物的聚會。像這樣的記載，月復一月，年年都有。

她的這些貴人幾乎都是白人，有好幾個我也認識，都是我家的好朋友。他們都很仰慕、敬重我媽。而她在職涯上的進展雖然緩慢，但穩定攀升，剛進入中年就已是醫院裡的資深醫師，大家都很喜歡她。我媽是很有愛心的人。她認真、誠懇，很照顧人，也願意花時間完成必要的工作。不管她選擇什麼職業，她在這裡的任何地方都可以找到成功的途徑。

我爸的狀況可就完全不一樣啦。他是帶著法學士學位和雄心壯志離開馬尼拉的，但碰壁多年後，只能在奧勒岡州的波特蘭當個房地產經紀人勉強糊口。他有幾年是過得不錯——客戶主要也是亞裔人士——但在經濟上從來沒有寬裕過。他老是把自己搞到破產，抱怨美國白人都瞧不起他。我媽的日記逐年累月地記下他各式各樣的挫折：差一點就到手的工作、遭到否決的晉升、失敗的計畫、不獲青睞與支持的點子。我爸直到人生的終點都還在掙扎求生，從沒找到他的安樂窩。他跟媽媽的婚姻破裂，有很大一部分是因為他無法同時承受自己的失敗與太太的成功。他心裡大概想著，自己的額頭上就寫著大大的「失敗」兩個字吧。

當然我是採用有限的視角來凸顯我的論點。我爸媽命運的分歧和他們婚姻的破裂，當然還有很多其他成因。但就算是在我還小的時候，也能看得很清楚，我媽在這個新世界中獲得比較好的地位，堂堂走進那些敞開的大門；可是輪到我爸時，那些門都關著並且上了鎖。她對美國白人擁有跨越種族的魅力，而這魅力會帶來機會和徑途。我爸想要跨越那條線，眼前卻從未出現綠燈號誌。

這種男女大不同的分歧命運，在我選擇的那個行業最是明顯可見。我剛進入新聞界工作的時候，曾為亞裔女性主播的人數之多而感到吃驚；相對地，亞裔男性主播可謂鳳毛麟角。電視新聞主播可是新聞業裡最讓人渴望、收入也最高的工作之一。而這些女主播**總是**——一點都不誇張——總是配上一位白人男主播。在一九九〇年代中期，美國最典型的主播搭檔，就是哥倫比亞廣播公司的華裔女主播宗毓華和白人男主播丹．拉瑟（Dan Rather）。到今天，在美國各地的大都市裡，你更不可能找不到一位播報地方新聞的亞裔女主播。西雅圖的三大電視網裡，也都有她們的身影。

電視尤其重視長相魅力，這是電視的影像訴求嘛，而我們也都明白，在大眾的認知中，亞裔男性和女性剛好分別站在魅力光譜的兩個極端。不過電視公司的高層主管絕對不會公開承認這一點。這套說法可以跟美國廣播公司派駐華府的主播史蒂芬．奇達（Stephen Tschida）早年的經驗互相呼應：他剛進入新聞界時，曾被批評欠缺新聞主播的「正確長相」。而亞裔女主播雖被大眾所接受，但能否進入決策高層，仍然有待觀察。

我當記者時，做過許多一九八〇和一九九〇年代東南亞新移民的報導，也再次看到男女境遇大為分歧的模式：女生在校表現一般較好，在社區活動中更受歡迎、也更活躍，適應也就更成功；男生則成績落後，甚至輟學且惹上麻煩。兩性之間的成功與失敗自然差距愈來愈大，這種狀況一再重覆出現，讓人感到困惑。

我記得某次去柬埔寨移民的家裡做採訪。爸媽都不會說英文，所以他家的兩位青少年代表發言。那對姊弟坐在客廳一張掉皮的便宜沙發兩端。姊姊當時十七歲，合群又聰明。她散發著一種習慣被人寵愛的氣質，在學校也的確很受歡迎，並以自己的男友為榮——一個白人萬人迷。她的弟弟大概十六歲吧，穿著牛仔褲和背心，理了一個大光頭，臉上毫無表情，說話時彷彿嘴巴都沒動過，語音模糊。他已經失學一年多，剛從少年看守所被釋放出來。他對我非常防備，眼中帶著一種難以化解的頑固，你會以為那是年紀比較大的人才會有的眼神。

這對姊弟的對比十分驚人。他們有一樣的爸媽、一樣的家庭教養，住在同一間房子，甚至多年來就睡在同一張上下舖：姊姊在上面，弟弟在底下。為什麼最後會變得如此不同？也許能在訪談中找到一些線索。有一次談到他為什麼輟學時，弟弟說有一個原因是他不喜歡那裡的學生，尤其是女生。

「那些驕傲的賤貨！」他說。

「因為他們不喜歡你啊，」姊姊說：「你跟你那些朋友就是亞洲小屁孩，只會在街上胡鬧。她們怎麼會注意你們？」

「你跟她們也一樣啦。」他說。

「嫉妒的亞洲小屁孩，裝模做樣嘛。」

也許這只是兄弟姊妹之間的鬥嘴；也許姊弟的對比受到遺傳因素或文化影響；也許有一個在家中比較受寵；也許有一個經歷過什麼創傷。到底是以上皆是，還是都沒猜中呢？我也不知道。但我看到他們的狀況，不禁聯想到我爸媽，好像有某種看不見的社會力量造成他們的命運分歧。在那個悶熱的小客廳裡，我可以想像同樣狀況正在萌芽發展。

亞洲小屁孩，姊姊說。她可是個可愛的年輕女孩啊，不過當她這麼一講，我感覺身上陳年傷口的老痂都裂開了。我就是亞洲小屁孩的其中之一啊。對年輕時的我來說，再也沒有比亞裔女性公開羞辱**我的**亞洲特質更讓我受傷的事了。要是連她都不接受我，誰會接受我？要是連亞裔女性都看不起自己族裔的男人，這些爭論還吵個屁啊？

抱持那種想法的西化亞裔女性並不少見。根據哥倫比亞大學的約會研究：「連亞洲女性都覺得白人、黑人和西班牙裔男性都比亞洲男性更有吸引力。」儘管我早就知道，也讀過好幾次，還是希望這不是真的。網路上的影片和討論就說得更直白啦。跟跨種族約會有關的討論串裡，通常都會有亞裔女性絲毫不帶掩飾地輕蔑、鄙視亞裔男性的發言。YouTube上有一則很多人看過的影片，韓裔喜劇演員愛絲特．顧（Esther Ku）說：「上週有個亞洲男找我出去玩，我心裡就在想：『他們什麼時候才會知道，亞裔女孩跟他們根本不在同一個檔次上呢？』」

在網路論壇上，像這位華裔女性的貼文並不少見：「女人都愛壯男，白男就是比亞男壯啊。亞男要是站在白男旁邊，看起來就像隻弱雞，又矮又小，沒肌肉又沒自信。白男作風比較自由，生活也過得更好。亞男工作太多，對權威也太遵從。」有一位叫珍妮．安（Jenny An）的寫手也在女性網站「XOJane」貼文說：「我是亞裔女孩，但從不跟亞裔約會。沒錯，我就是那種跟很多很多白男（大多數啦，也不一定要白男）約會的人。為什麼呢？很簡單！我就是個種族主義者。」她繼續往下寫：「我還是覺得自己是少數族群，所以馬上就有一種『外來者』的感覺。我不喜歡這種感受。」她說跟亞男約會像淪落到「亞洲貧民窟」；相反地，跟白男約會「就是被美國文化、白人文化所接受」。她這篇二○一二年八月的貼文獲得一千九百多則回應，在許多美國亞裔的論壇上引發廣泛討論。

加州大學柏克萊分校某位學生在YouTube貼出一部影片：「亞裔女孩為何熱愛白男」，獲得六百多萬人次的觀賞。影片中那群年輕的亞裔美眉認為白男高大、俊美、陽剛而強勢，而亞男則又矮又醜，既娘砲又沒安全感。其中一個女孩說她一位亞裔男性朋友常被當作是女生。「我知道白人女孩為什麼不喜歡找亞裔男啊。」另一個女孩帶著一絲笑意說。某位持同樣論調的受訪女孩表示，她對白人男性的追求並不驚訝。「誰不喜歡亞裔女孩？」她笑得很甜說：「大家都喜歡亞裔女孩啊！」

我念大學的時候非常喜歡一位華裔女孩。蕾妮大我一歲，來自一個加州小鎮。那張小臉坦率真誠，身材姣好，她很會凸顯自己的優點，有種衝浪女孩般的樂觀開朗，朋友和她在一起都覺得很自在。她的外型跟我十分合適，我認為我們真的很相配。我們都來自亞裔家庭，在白人社區長大，最後也都進入一間白人很多的州立大學就讀。她的華裔血統也讓她想過「我是誰？」的問題，不過我們很少直接討論這件事，因為她不太喜歡。話題擦到邊就繞開，稍碰即止。

她大概也知道我很喜歡她，但喜歡也沒用，因為她只和白男約會。她一開始就說得很清楚，和我往來的唯一原因，就是她覺得我像是她弟弟，一個可以分享她祕密的兄弟姊妹。她常和我聊她跟誰約會、跟誰分手，或者誰又在追她啦。她的愛情生活好像相當忙碌，周轉率挺高。有一陣子，從卡森大樓（Carson Hall）來的幾個亞裔男孩一直在她身邊打轉，找看看有沒有機會一親芳澤。

不過他們都被蕾妮拒於門外。「要是你，**你**會跟他們約會嗎？」我說該給他們一點機會時，她這麼回答：「謝謝，不必了！」她說她喜歡大的，體型高大、社會地位強大：「你知道的，自信有魅力。」她對那些羞怯畏縮的男人一點興趣也沒有。於是我發現自己和她在一起的時候，站得比較挺、說話也比較大聲。不過這樣也沒用。在我們失聯多年以後，我還曾夢見過她。

那一天颳著風，我們走在通往奧森體育場的人行天橋上，橋下是條急流。蕾妮正在跟我說著什麼祕密，我們不停地搓手取暖。突然間一陣大風吹來，她抓住我的手臂，坦率的臉上，兩眼好像在搜尋著什麼。我感到一股強烈的衝動，想親吻她，但我在她眼睛裡彷彿看到了什麼。圓圓的一點，像鉛筆尖。在瞳孔的中心，有著冷硬無情的一點。我轉身離開。河流的聲音消失，蕾妮也消失了。我邊走邊壓抑著回頭去找她的衝動。我持續往前走。就算在夢中我也知道，被應該愛上你的人所拒絕，是再痛苦不過的事。

Chapter 6

Asian Boy

亞洲男孩

漂亮女孩都是掘墓人。

——傑克・凱魯亞克（Jack Kerouac）

後來因為某些很簡單的理由，我搬到奧勒岡州的尤金市。我們家在一九七四年夏天離開布隆克斯時，我爸媽的婚姻正瀕臨破裂。我們搭著大貨車再次橫越北美大陸，一路上都非常緊張，很希望最後能找到平靜的落腳處。後來我們就在奧勒岡州界的烏馬蒂拉（Umatilla）待了兩年，那裡的告示牌上寫著：「人口七百五十人，請小心駕駛。」我爸媽為他們二十五年的婚姻迅速劃下句點，我和我的兄弟姊妹滿身創傷地迷失在這片滿布山艾和棘刺仙人掌的陌生世界裡。

我們受到的創傷比自己所能理解的還多。我們所知道的那個宇宙已經不復存在，完全遭到拋棄，好幾個月以來就像太空中飄浮的殘骸。把我們帶到美國的爸爸寫了封長信給我們幾個孩子，為他的失敗向我們道歉，說他還是永遠愛著我們，然後就離開我們去開始另一個新生活。

我媽帶我們繼續西向，搬到首府塞勒姆（Salem），後來我在那裡和整班的陌生人一起高中畢業。我聽到有人談到奧勒岡大學，綠葉茂密的校園就在太平洋和喀斯開山脈之間的谷地。據說那裡漂亮又進步，是適合年輕人研習新聞工作和社會運動的好地方，那邊的森林也很適合年輕男女拋開禁忌、迎向奔放。我聽到當然覺得很棒，所以只花了二十分鐘就選好大學志願了。從我家到尤金，往南大概一小時車程距離。有獎學金的幫助，再加上常年拮据的我媽每月擠給我的一百美元，讓我生活自由不少。我從五號州公路南下，對自己要讀什麼或未來通往何處一無所知。

那時我十七歲。身體長高了，也長出新的毛髮，被新的渴望和焦慮所占據。我不能再假裝自己是個男孩，但我的身體和臉上要怎麼表現像個男人，我也不太了解。所謂的男子氣概，看起來是怎樣、聽起來是怎樣？一個男人應該是什麼樣子？我發現自己毫無立足之處，有一部分是因為欠缺男性典範指引道路。我哥當時也正在追尋自己的歸屬感；我爸和我們在一起的最後幾年，早已迷失自我，陷在我們當時都不理解的小世界。在他的身體離開我們之前，他的精神早就不告而別。過去十二年所接收到的教育，讓我以為像我這樣的人只配當個道具，令我焦慮不安。

讀大學時，我常常是班上唯一的亞洲人。學校裡有來自台灣、日本和菲律賓的學生，還有幾十個人來自夏威夷，但在這個兩萬人的校園、十萬人的城市中，我們只是白色汪洋中的幾個黑點而已。我模模糊糊地感覺到，我身邊的人幾乎都知道事情的先後順序，知道誰重要、誰不重要。知道他們的想法後，讓我覺得自己遭到輕視，甚至連我自己都瞧不起自己。這是一種被融化到不成人形的感覺，像是變成陰影的陰影。

而我的應對方式正好與感覺相反。我說起話來，比我與生俱來的那副膽怯聲音要響亮得多；我走路、說話和行動時，也都比我一七〇公分、七十公斤的身高體重要強大得多；我表現出來的個性，比我自己知道的灰暗性格更加豐富多彩。這一切都是刻意做出來的。我參加舉重班，發現自己還滿愛健身的，後來練了好幾年，在纖細骨架上練出一副肌肉；我跟大學的摔跤校隊一起苦練，練到可以摺倒一個大男人，勒得他不省人事；我加入大學的空手道社磨練搏擊技巧，這可不只是打得到而已，還要能擊垮對手。某次宿舍的朋友問我敢不敢對著水泥牆出拳，我毫不猶豫，一拳就打在牆上。裂了。

「天啊！你還好嗎？？」他驚呼。

「當然！」我說，說得好像自己整天在打牆壁似的。我像個白痴一樣地笑了，不過隔天就上醫院。照X光片發現指關節裂了兩處，手腕組織也受傷了。

戴著那層假面具的確發揮某種程度的作用，有時我甚至忘了自己戴著面具。在二十幾歲到三十出頭那一陣子，我都以為自己是個硬漢。和金剛狼一樣的硬漢，身形短小但兇猛強悍。有時我可以感受到我爸那種憤怒，渴望有個人向我挑釁，我就可以一舉撂倒他。這種事還真的發生過不少次，我真的撂倒過幾個彪形大漢。現在回想起來，我只是很幸運沒碰上真正的壞人，那樣虛張聲勢的冒險很可能會害死自己。雖然我架打得很有技巧，但骨頭就是不夠硬、塊頭也不夠大，我的膝蓋就和下午茶點心一樣鬆軟。要是膝蓋遭到攻擊，誰都可以打倒我。但我無法變成真正硬漢的原因，其實是我不想真正去傷害別人。也許我會伸腳把對方掃倒，但我不會和我爸一樣，像個殺手似地想把對方的眼珠子挖出來，或非要在他喉嚨上開個洞才罷休。

不過宿舍裡的朋友還是很尊敬、看重我，也有好幾個女孩對我有興趣，但大多數都說和我「只是朋友」。

我總能和女性變成好朋友，因為我真的關心她們，會注意傾聽。這可不是裝的。女性的每個面向我都喜歡，不論她們的體型或膚色。我喜歡她們的輪廓剪影、她們的氣味芬芳，還有奔走跑跳的樣子。她們全身軟綿綿，皮膚、頭髮細膩纖柔，從手指到腳趾之間的一切都輕柔美好。她們的脖子、嘴唇和睫毛。她們說話和發出的聲音。和女性在一起時，最能讓我感到生氣勃勃、活力充沛，最讓我想要好好把握這一天。這時候要表現出堅強、要成為捍衛戰士，當她們的保護者；要會討好她們，提供娛樂；也要能信手拈來、出口成章，像個吟遊詩人。如果我是個詩人，我只會寫女人。只有女人能讓我成為一個詩人。在我看來，她們比男性優秀多了。不過我的熱情沒辦法得到回報。我覺得女性並不注意我。她們就算看著我，視線似乎也是直接貫穿過去，不在我身上。

我在那些男女追求歡愛的各處場所體認到這一點，不管是在酒吧、夜店、書店、超市、公園、沙灘、足球場，或各式各樣的社交場合，大家的目光好像都會本能地迅速集中在少數幾個人身上。我從不覺得自己曾獲得大家的關注。讀大學的時候，從沒有整間屋子的人都盯著我看的經驗，我在電影上看過這情境，我的一些白人朋友、黑人朋友也都有經歷過，但這從未發生在我身上。這不是因為我沒嘗試過，我可是雷射電眼啊！但還是不能免於詛咒。我和某些朋友的談話（不管是男性或女性，亞洲人、白人或黑人）加深了這種恐懼和疑慮，證實我的確屬於比較不受歡迎的那一類。

這雖然提供了明確的解釋：女人不要我是因為我不受歡迎；但另一方面也讓我非常痛苦：我竟然不受歡迎！從我進入青春期到結婚之前，再沒有比這件事更讓我痛苦的了。它深入骨髓，最後停留在那裡。這不是誰的惡意羞辱，如果是的話，我還可以做點什麼、採取什麼行動；這比較像是個聲明，陳述一個冷酷的事實：銀行櫃檯說你存款不足。不足就是不足啊！無話可說。

「他們就是有點那個嘛。」我的華裔朋友蕾妮說明她為什麼不和亞裔男約會：「我是說如果是你，你會跟他們約會嗎？說真的，你會嗎？」

「他們就是讓人討厭啊！」我的白人朋友克里斯多福不只一次地告訴我：「我不是刻意冒犯喔。」

「他們要多喝點牛奶啦！」我的黑人朋友珍妮說：「那些瞇瞇眼背後不知道都在想什麼。」傑夫說，他是一個自稱有納瓦荷原住民血統的白人，平時以自己的進步和包容力為榮。

由於我努力向白人靠攏，已經變得非常美國化，朋友們都說他們根本忘了我是亞洲人，所以才敢對我說這些話嘛，因為他們把我看成同類。「你不是亞洲人，你是阿力斯。」蕾妮這麼解釋。「屁啦，老兄！你才不是弱勢少數。」克里斯多福常這麼說。那時我很寂寞，對於能成為他們的一份子，我很感激。能有歸屬感總是好的，至少可以幻想自己跟學校裡的亞洲人不一樣，他們只能孤孤單單地拚命讀書。但我一旦離開自己的圈子，很快又會變成一個亞洲小子。

我現在才知道，當年我深深沉浸在自我厭惡之中，才會看不見周圍那些同樣遭到無視與放逐的人：那些體重超重、害羞和笨拙的人；那些不會說英文的人、弱者、反應遲鈍的人、自恃聰明的人、貧窮的人；那些身障、受到創傷、疏離和自我放逐的人；那些讀哲學系的、每一個文字創作者，還有整個數學系的學生。我們原本可以互相同情和憐憫，一起交流悲慘經驗中的珍貴領悟。可是我心裡沒為他們騰出空間。我用那張自艾自憐的毯子把自己包得好好的，不想因為他們而有一絲皺褶。

我的韓國朋友金是我碰到的另一個皺褶，但他跟我說的劣勢卑下不太一樣。我大一在麥克阿瑟體育館的舉重室認識他，那時他已經大四。他在韓國出生，但在美國長大，所以英文說得很好。我聽同學說，他高中時就是中西部的運動明星。全身肌肉、下頜有力，身材高大，膀粗臂圓，十足的足球員架勢。他很可能是我們校刊《綠寶石日報》上第一個穿上奧勒岡校隊運動制服的亞裔男性。我每次去健身房，金先生都展現大大的笑臉，伸出他布滿筋肉的手來和我握手。

「你好嗎？我的朋友。」他會這麼說。

每個進到健身房的亞洲人，不論男女，他都要特別招呼一下。他這麼歡迎我們到來，似乎是在向我們保證，在這個哐啷作響的鐵牢中，雖有黑白野獸聲聲低吼，但有他在保護著我們。

我們這一類人要想破除恥辱，唯一的方法就是讓自己成為那個例外，金的外表體型就是個實例，更別說他一口標準美式英文，行事作風也跟美國人差不多。學校裡也有幾個和他一樣傑出的亞裔人士，他們都散發出一股沉穩的自信；但我們大多數人只能躲在自己的宿舍讚嘆而已。不論我在健身房再怎麼苦練、痛練、狂練，都無法變成金先生。

我認識的大多數亞裔比較像小趙那樣。他在學校自稱「喬」，但我知道他其實姓趙，我故意這麼叫是想激怒他。他是從檀香山來的華裔。我在兄弟會某次地下室聚會時，看到他單獨一人站在吧台邊。他在那個地方好像跟所有人分離開來似的。音樂轟然乍響，大家擠在一起又扭又跳又歡呼，水泥地上灑滿啤酒變得黏糊糊的，那顆閃光鏡球在眾人臉上投射出一道又一道的亮光。唯一垮著一張臉的就是小趙。他的表情看起來和我的感受差不多，只是我不敢表現出來而已。他是那裡（除了我之外）唯一的亞洲人。那頭像絲綢般的黑色長髮從中間分開，披散在胖胖的臉頰兩側，那雙眼睛好像穿著盔甲。他心不在焉地拿著一個杯子。

「你負責吧台嗎？」我說。

「這裡只有啤酒。」他不多話。一轉頭，頭髮就飄啊飄的。我們只聊了一分鐘，他就轉身說：「我不是針對你，不過我要走了。」然後他就直直地向樓梯走去，頭髮在他身後晃啊晃。

那天稍晚，我和幾個朋友在一家超商外又碰到他。「又是你！」我說。但這時候的他跟剛剛完全不一樣，既吵鬧又放鬆。他說剛剛的聚會有「好多白人勢利鬼」。我們四個人後來到酒吧喝啤酒，四杯、八杯、十二杯，後來大家配著薯條又灌了一大壺。朋友離開後，只剩小趙和我一起傾吐心中積蓄已久的忿忿不平。他心裡和我有著同樣的惡魔，只是他敢讓它們大聲說話。

「我哥們的宿舍有個很漂亮的小妞，」他在椅子上微微搖晃，邊說邊揮著一根薯條：「她黑頭髮，皮膚也有點黑，大大的眼睛，翹翹的屁股。我心想：『太美了，我要追她。』我和我朋友說：『布萊，你怎麼不把我介紹給你朋友呢？』他說：『我的好兄弟啊，你知道我也很想，但我沒辦法啊。』我說：『為什麼不行？』他把我拉到大廳說：『她和黑人約會。』我說：『喔，那又怎樣？』他說：『我是說她**只和**黑人約會。抱歉啦！兄弟。』所以我就在想：『馬的，有的女孩只跟白人約會，有的只跟黑人約會，有沒有辣妹只跟亞裔男約會啊？有嗎？」趙搖搖頭，把薯條塞進嘴裡：「馬的**她們**在哪裡?!」

街上兩個年輕人騎著摩托車噗噗地經過，差點撞上迎面而來沒有車燈的腳踏車，兩個騎士都回頭看著那輛腳踏車。對街的角落，有一個穿著工作服的女人正把垃圾倒進推車，她的臉隱藏在黑暗中。她在黑暗中緩慢地移動，一點也不慌亂。我在想，那天晚上有沒有人和她說過話，或者這輩子有沒有人和她說過話，也許每晚她都在如此安靜無聲的陰暗世界裡度過。

「在亞洲」我說。

「什麼？」

「在亞洲大概就有很多吧。」

趙歪著頭說：「還真是謝謝你啊，你這混蛋！」

我在大學時也有一些短暫的羅曼史，其中兩位是年輕的白人女孩，和麗莎和蘿絲瑪麗一樣，一開始被我吸引是因為我和她們認識的人都不一樣。我就像個外國人啊。但還有更糟糕的事。我會在適合的場合刻意表現出自己與他人的差異，以博取歡笑、同情或任何我可以得到的好處。我就是個種族機會主義者。我在課堂上介紹自己，就像酒鬼在戒酒聚會上介紹自己一樣：「我的名字是阿力斯．泰森，我是亞洲男性。」我把亞裔身分當成籌碼，在心底打自己的小算盤。

我的自我意識很敏銳，這也是我打破想像中的緊張的方式。我會在別人耳語之前，自己先談到種族好把它擋在門外。現在回想起來，也許我就是想讓別人知道，我很清楚自己和他們不一樣，永遠不會一樣。我總覺得，自己要是清楚表明這一點，大家會比較放鬆。就算我自己沒有多自在，還是希望別人覺得心安，這也是一種自我消滅的模式。我也不曉得這麼做對別人會有什麼好處，那時候還真的是常常幹些傻事。

那段時間，當我忘了自己的亞裔淵源，好幾天、好幾週玩得樂不思蜀時，總會有人說些什麼讓我回到現實。有個叫麗蓓嘉的女孩漂亮得讓我魂牽夢縈，她用最誠懇的方式告訴我：「我覺得你長得滿好看的，你知道，以你的種族來說。」我聽得哭笑不得，讓她覺得困惑。

異國風味的賞味期持續不了多久。我的白人女友在新鮮感消失後總會明白，我其實也沒什麼不同。而我的想法也會改變。就和世界各地有色人種男性一樣，我被白人女性的形象催眠已久，以為那才是理想美女。但我一旦拜倒石榴裙下，真正看透這個神話後，魔咒就開始失效。我們走到一起，是受到種族因素影響，但分手時則否。某些普通的原因就能讓我們一拍兩散。

我曾經和一位叫夏敏的黑人女孩約會好幾個月，她在塞勒姆讀社區學院。她很會打籃球，比我還高幾公分。她的臉長得很可愛，身材是我交過的女朋友中的頂尖。那纖腰一束，簡直可以兩手合握。我們之所以看上彼此，主要就是因為雙方都覺得自己像個異鄉人。塞勒姆甚至比尤金還要白，我們都想知道自己怎麼會到那裡。我們的身分地位差不多，很容易就聊起來。很多事不必解釋，真是讓人感到解脫。她知道我為什麼討厭電視上的亞裔角色，像是《牧野風雲》（*Bonanza*）的合勝（Hop Sing），《功夫》（*Kung Fu*）的金貴祥（Kwai Chang Caine）。她知道那種被盯著看卻被人看不起的感受，也知道走出電影院時感到羞恥或遭到抹殺的感覺是怎樣。

所以啦，和異國情調一樣，這種放逐感也是一種快乾膠，可惜效果不會持續太久。狂喜之後緊接著的是失望，當她帶我去教堂時，第一件令人失望的事發生了。大概過了半小時還是十五分鐘，我就發現我們彼此的價值觀差異。她當然也感覺到了。就說一件事吧，她喜歡基督教方言，而且認為我也該學。故事長話短說，後來她遇到了會方言禱告的人，所以我就離開了。

我二十出頭時交過其他女朋友，其中一個是來自中西部的年輕女孩，在阿拉斯加的小漁村認識的。因為某個特殊原因，所以我記得特別清楚。她熱愛口交，而且完事之後還會發表評論。所以其實我年輕的時候並非沒有浪漫接觸，但大多只像空中的塵埃，隨機、短暫而不持久。在每段短暫接觸之間，則是浩瀚廣大的空白，即使是幾十年後的現在，當我回想過去，心裡還是感到孤獨痛苦。

我知道自己的孤立狀態有時是自找的。我常以為自己遭到排斥和否定，但其實不是那樣。當我強迫自己潛入記憶，進入那些容易遭到忽略的縫隙裂縫時，我會發現某些女孩也很認真想和我交往，有的還相當直接地表示好感，結果說謝謝、拒絕對方的人是我。我以為自己沒有吸引力而轉身離去，其實是自己感到害怕、害怕自己會失望。也許我能找到真正的戀慕，但我又該對那種老覺得自己被看輕、被忽略的感覺怎麼辦？我到底是誰啊？我覺得自己不夠格接收、容納另一個人給予的全副心神與照顧，我沒資格接受那些我最想要的東西。

也許有個名稱能概括這一切所有的質疑，算是一種綜合症狀。我聽過一個名詞叫「自我選擇」（self-selection），可以應用在那些症狀上。根據達爾文的理論，這個「選擇」就像是：「很多亞洲人選擇不參加比賽」或者「你們亞洲人選擇自我毀滅！」這是在說，在這個適者生存的社會裡，一些身在西方的東方人往往在不知不覺中，在別人否定你前就先否定自己。我們還沒參加比賽就先輸了。不管這個狀況叫什麼名字，成年後我在其他美國亞裔身上也都發現了這個症狀。從這一點來看，我相信我的觀察並不全是憑空想像，確實有一些無形的力量在為我這樣的男性創造共同經驗。

某天晚上，我和兩個亞裔坐在西雅圖一間房子的門口，裡面正在鬧轟轟地舉辦派對。屋裡的音樂大聲到連門把都在震動，但我還是聽到一位同伴在哀嘆。他是第一代移民到美國的苗族，二十幾歲、快三十了。他說他在這裡獲得的女性關注，簡直跟太監沒兩樣，邊說邊用拇指和食指圈了個零。參加聚會的女性大都是白人，所以我不知道他是不是特指白人女性。「到底來這裡要幹嘛，我自己都不曉得。」他抽著菸說。另一位半華半日裔的同伴也吸了口菸，點頭說：「同意啊！兄弟。」

我最近在佛羅里達州的聖彼得堡，也聽到一個菲律賓裔年輕人感嘆：亞裔男性是全世界最沒人要的男人，根本不值得嘗試。這什麼意思呢？我問。「就我說的這樣啊！」他告訴我：「不值得……她們已經決定了，你也沒辦法。」我說到底是誰決定了什麼啊？然後他用狐疑的表情看著我，好像在說：「別裝了！大哥。你知道我在說什麼。」我只能嘆氣。

我和一位住芝加哥的年輕人寫電郵通信，他的媽媽是華裔，爸爸則是美國白人。結果他遺傳到媽媽的亞裔特徵，顯然運氣不太好。「可惜我不是個女孩啊，不然運氣就會好多了。」

他信上說：「如果由我做決定，中國古代殺女嬰的惡習應該顛倒過來。男嬰最好一出生就宰了，那樣才叫慈悲。」

某些人可能會以為這樣的哀嘆只是孤立少數。被拋棄的人就和聖經裡的窮人一樣，總會出現在我們身邊。他們會彼此牽引，因痛苦而相互吸引。但到了數位時代，我們會發現亞裔男性被排除於主流之外的苦難酸楚，是多麼普遍且根深柢固。

即使到了今天，我跟小趙的醉言醉語都過了三十年了，這世界也已經進入千禧年後十多年的現在，你還是可以在任何地方找到像小趙那樣的感受，在許多亞裔的網站、部落格、討論區發現彼此，例如：「asianmalerevolutions.com」、「bigWOWO.com」、「alllooksame.com」、「8asians.com」、「goldsea.com」、「asian-nation.org」等超過幾十個類似的網站。只要點進亞裔美國人的網站，就很難不看見亞裔男性在西方世界的種種遭遇。

三十幾歲、住在美國洛杉磯的韓裔美國人菲爾．尤（Phil Yu）是亞裔圈中最有影響力的部落客之一。他的網站叫做「憤怒亞洲男」（angryasianman.com），每月訪客流量有二十五萬人。從二〇〇一年開張以來，遭到誹謗中傷的亞裔男一直就是這個部落格的主題。他第一次獲得大量關注，是開張三年後某篇批判男性雜誌《細節》（*Details*）的貼文。那本雜誌某篇文章刊登了一張跨頁圖片，上頭是個頭髮梳得尖尖的年輕亞裔男性，穿著V字領白T

恤、Dolce & Gabbana絨外套、Evisu牛仔褲、金屬色運動鞋，肩上斜背一個LV包，標題是：「是同志還是亞裔男？」這篇文章說，太陽眼鏡放大了「神祕效果」，「一杯熱茶」讓他「精緻五官煥然一新」，絨外套「讓最後的武士保持溫暖」，那件T恤「展示出生魚片般光滑的胸肌」，還有我們不要忘記他「如淑女般的纖指……既能上蠟也能除蠟」。

這篇文章其實只是在諷刺搞笑，不過許多亞裔可笑不出來。「流行文化上任何你想得到能攻擊亞裔的刻版印象，這篇文章都寫出來囉！」尤在他的部落格上這麼說，並呼籲讀者向雜誌社抗議。由於抗議的人不少，所以那家雜誌最後也道歉了。當尤的部落格不憤怒時，則顯得戲謔不敬，經常自我嘲諷、拿自己開涮，裡面幾個精彩單元分別叫做：「本週憤怒讀者」、「本週憤怒貼文」，和「本週憤怒連結」等等。網站圖示是一個上身赤裸的功夫高手卡通人物，抬腳準備踢在你臉上。

我第一次讀到威斯利．楊（Wesley Yang）的貼文，就是在尤的部落格。他在二〇一一年的《紐約》雜誌（*New York magazine*）封面故事中寫說，美國企業中有所謂的「竹子天花板」，亞裔員工在公司內的升遷只會到某個階層就停止。楊比「憤怒亞洲男」網站還要憤怒。他對那些亞洲價值觀嗤之以鼻：「孝道是個屁，努力求取好成績是個屁，常春藤狂熱是個屁，服從權威是個屁，謙卑和勤勞是個屁，和諧關係是個屁，為了未來而犧牲是個屁，那些勤勤懇懇的中產階級奴才全是屁。」楊說這些價值觀無法產生有能力在美國企業高層競爭的男性，只有強勢的西方式大男人才能獲得獎賞。這些價格觀雖然在過去那片遙遠的大陸很有用，但在當今西方主導的世界裡只會成為障礙。

楊引用以下統計資料：常青藤盟校一向被視為「培育國家領導人」的搖籃，而這些學校的畢業生高達二十％是亞裔人士。那麼這一大堆亞裔領導人在哪裡？（申請進入哈佛有時需接受校友的面試，其中一個評估標準就是領導能力。而一直到幾十年前，這項能力在表格上仍以「男子氣概」標示。）亞裔人口占美國的五％，但在企業董事會中只占一％、大學校長占二％，而企業高層主管則僅僅〇．三％。矽谷的軟體工程師有三分之一是亞裔，但他們在董事會中只占六％。在美國衛生研究院中，擁有終身職資格的科學家有二十二％是亞裔，但他們在領導階層中只占四．七％。從這些數字可以看出什麼呢？就是亞洲人是一群勤勞的工蜂，但不能當家作主。

楊問：「要是你錯過美國高中健身房和更衣室傳授的陽剛之氣，要怎麼辦？要是你在生活上無法成為主導社會的大男人、沒辦法在美國人的董事會和臥房中兩邊通吃，要怎麼辦？要是沒人教你怎麼跟白人問好、討他們歡心，要怎麼辦？儘管有諸多不足，要是你欠缺移民者的溫良恭儉讓，不再屈就美國敘事中的次等地位，而想跟大家競爭，搶食那盤美國大菜，又該怎麼辦？你要怎麼拋棄自己繼承的十八年中華教養？」

傑利．「JT」．陳（Jerry "J.T." Tran）提供了答案：第一步就是向西方大男人學習，學他們的行走坐臥。陳是越南裔美國人，原本是航太工程師，後來拋下渦輪引擎，變身為亞裔男的教練。他的專長就是把妹，當然他所傳授的技巧也可以用在職場。他在美國各地舉辦研習講座，教導大家怎麼找到自己的力量，運用一般人認為能吸引西方女性與西方企業的特質，像是信心和勇氣來展現自我。他的主要課程叫做「吸引力ABC」，在校園中果然吸引了許多學生，其中不乏哈佛、耶魯和賓州大學等常春藤名校。

二〇一一年春季的某天早上，陳大步走向芝加哥大學的演講廳。這次是亞裔兄弟會「ΛΦΕ」邀請他去演講，觀眾主要是亞裔青年男女。陳在講台上用他燦爛發亮的臉孔掃視台下人群時，贏得大家熱烈的掌聲。他穿著銀灰色西裝和亞麻襯衫，胸口上好幾顆扣子沒扣。外套口袋露出一點點勃根地酒紅色的手帕。他在講台上走來走去，連說帶比，梳理伏貼的頭髮閃閃發亮。他偶爾會拿著瓶裝水喝一口，好整以暇地慢慢喝。喝水前先停一下，喝完再停頓一下。這時候台下觀眾鴉雀無聲，但他的樣子非常自在，一點都不介意讓大家等候。台上的大螢幕投影出演講大綱：**內在力量**、**外在信心**、**言語魅力**。

「像我這樣矮小的亞洲人都能把到妹子，任何人都沒問題啊！」他說。然後他直接對著會場上占大多數的男性觀眾說：男士們！請注意！好好地聽！這會改變你的人生。

「怎麼用肢體表達自己？」他問：「也許你的內在很有自信，也許你認為這個世界上也有你的一席之地，但你如果不把它表現出來，那就沒人知道啦。而你的穿著、你的走路方式、你表現出來的樣子，就是大家對你的評判標準。」

比方說，西方男人怎麼站呢？答案是：脖子和背脊伸直，肩膀向後挺，兩腳稍微張開比肩膀略寬。不要彎腰駝背，手不要放在口袋裡，不要盯著地板。**要統御這個空間**。

西方男人又是怎麼走路的呢？不要像上了腳鐐一樣拖著步伐，每個腳步都要完全離開地面，肩膀和雙臂跟著微微擺動，自然地向前跨步。在整場演講中，陳也不停地走來走去。在那幾個小時中，從眼睛接觸的重要性、清晰而自信的談話，甚至到要怎麼以流暢而節制的動作脫下女孩的牛仔褲，他都能提供許多建議，讓觀眾非常高興。

這些訓練也許略顯機械化，而且可能落入《花花公子》的男性沙文主義之嫌。但陳表示，很多亞裔男性都需要這樣的訓練。因為我們心裡都有一隻「吱吱喳喳的猴子」在叫個不停，那恐懼的聲音太大，以至於亞裔男性無法靠自己克服它。他對大家說：「那隻猴子說你做不到、說你只是自找難堪。大家都會嘲笑你。」那隻猴子在書本、電視和電影中修練成形、獲得力量，讓大家以為亞洲人是等而下之的族群。陳說，所以我們要提高警覺，有時候需要一步一步地訓練，才能讓那隻猴子閉嘴！就算只安靜一晚也好。

Chapter 7

Tiny Men on the Big Screen

大銀幕上的小男人

恕我直言，我在您眼中發現些微敵意。承望貴方寬弘大量，對此稍加抑制。貴我之間的友好合作至關重要。祝您有個美好的早晨。

——陳查理，《沒有鑰匙的房子》（*The House Without a Key*）

我對那隻吱吱叫的猴子有著深刻的了解。就是好萊塢那些天神在餵養這隻猴子，讓我深深感受到輕蔑和鄙視。有時我會氣得關上電視，或者走出電影院時發誓再也不看這些好爛污的電影。不過發誓歸發誓，我還是一再回到戲院自取其辱。有時候，銀幕上會出現一個似乎已經突破窠臼的新亞洲角色，例如最近很受歡迎的電視影集《陰屍路》（*The Walking Dead*）中的葛倫．瑞（Glenn Rhee）。我密切注意葛倫，一直在為他加油。他的確突破過往的刻板印象，但也只是幾個瞬間而已。他曾經穿過那條神奇的界線，把腳趾浸入滿滿的男子氣概之中，不過後來又退化成一個跑腿的門僮。原本我所感受到的希望又漸漸化為失望。那隻猴子還在吱吱叫。

至少我不必親身經歷傅滿洲（Fu Manchu）和陳查理（Charlie Chan）時代那種絲毫不掩飾的種族歧視。這兩位虛擬人物，一個是「黃禍」（Yellow Peril）的代表，另一個則是「模範少數族群」（Model Minority）的典型，都是白人扮演的黃臉孔角色。到我這代，至少亞洲角色大多由真正的亞洲人扮演，雖然還不是全部。

我記得在電視上看過一部蒙古征服者成吉思汗的老片《征服者》（*The Conqueror*，一九五六年），但這名所謂的蒙古人卻由約翰．韋恩（John Wayne）飾演。電視史上最出名的「亞洲」功夫高手，《功夫》影集的金貴祥則由大衛．卡拉定（David Carradine）飾演，我覺得這就好像找個亞洲人扮演美國前副總統史皮羅．安格紐（Spiro Agnew）一樣。以白人來說，也許他的表演已經是可圈可點；但對亞裔來說，金貴祥仍是一個黃臉的白人，他的勝利與我們無關。一九七〇年代，電視上顯然沒有任何一位亞裔男演員有資格飾演亞裔男主角。在電視螢幕和電影銀幕上，真正的亞裔演員只能扮演僕人、壞人或一些書呆子角色，片面膚淺、軟弱無力、陰暗鬼祟的矮小男人，跟酒囊飯袋一樣性感。

我的白人朋友都覺得這沒什麼大不了的：「這只是電視嘛！」我跟他們說起《牧野風雲》中有一集「孤獨的男人」，說的是華裔男僕合勝的故事。這個華裔小角色剛好襯托主角卡萊特家族的大男人，他紮著長長髮辮，滿嘴破英語，揮舞煎鍋，喊著要打卡萊特家幾個兄弟的屁股。碎嘴嘮叨又沒有任何威脅感的合勝，就和神經兮兮的女人一樣嘛！他在那一集裡，愛上一個害羞的年輕白人女孩，而她也頗為心動，但可以預料的是，這段愛情當然不會有結果。當合勝想要跨越種族界限，這時鎮上幾個壞人就故意找他麻煩，但他保護不了自己，最後還是得靠班．卡萊特（Ben Cartwright）來救他。

「合勝跟牧場幫手一樣好。牧場幫手可以結婚，合勝為什麼不行？」他問班．卡萊特，他稱呼卡萊特是「第一名老闆」。最後那個女人還是走了，合勝只能站在爐火前傷心地哭泣。這部《牧野風雲》影集在電視上熱播超過十年。

時間快轉到三十年後，軟弱亞洲小男人的最新代表是HBO影集《我家也有大明星》（*Entourage*）中一個叫做羅伊德．李（Lloyd Lee）的角色。這個羅伊德的懦弱無能又更上一級。他個子矮小，孱弱娘氣，公開說自己最擅長的是「逢迎諂媚拍馬屁」，最適合當「終身奴才」。而且他還是個男同志。他在辦公室蹦蹦跳跳，接受猶太老闆——莽撞急躁、口無遮攔的阿力．高德（Ari Gold）的冷嘲熱諷。有一次羅伊德穿著一套緊身的新衣服上場，阿力笑他是男扮女裝的偽娘，簡直就像關穎珊。這可是個萬年老梗。還有一次，阿力對羅伊德說，**你嘛幫幫忙！要像個男人啊！或者盡你所能地像個男人。**

這只是電視嘛！我也知道。可是我剛來美國那一、二十年，電視就是我最重要的老師啊。它一次又一次地傳授我許多課程和教訓。就算只是一張圖片、一則訊息，播放超過一百次、一千次，說服力也會相應增加。意識形態的訊息傳播——和它厚道的表弟，廣告——的祕訣，就是一而再、再而三地重複，一直講、一直講，講到它變成真相為止。透過電視螢幕送進每個家庭，無休止地重複播送，讓它變成普遍可見、例行無礙的教條，和那些你以為的常識融合成一片，變成大眾認知上約定俗成的一部分。

等到我十七歲上大學的時候，我已經在電視機前受教無數個小時，吸收各式各樣的標準：誰重要、誰不重要；誰美、誰醜；誰強、誰弱；還有怎樣才能博得女孩的歡心、怎樣才叫做男人。男人強壯堅定，可以搞定別人做不到的事；要勇敢、要保護弱者，想要什麼都敢上前爭取。為了大家的福利，男人有他們必須要做的事，就像班・卡萊特、像《來福槍手》的盧卡斯・麥凱、像《檀島警騎》（*Hawaii Five-O*）的史蒂夫・麥加瑞（Steve McGarrett）。最後這一位明確地讓種族階級展露無遺。那些棕色和黃色皮膚的男人就算在夏威夷自己的地盤，也得接受穿西裝白人的指揮和命令。「記下來！丹諾。」麥加瑞大吼。

要不是這一切都反映出世界的真實面，也許我還能對這些虛構作品一笑置之。白人的確統治了全世界。在這個鋪天蓋地的神話裡，如果這部分是真實的，那麼其他部分是否也會成為真實？以後我是不是注定要變成別人家的僕役幫傭，注定毫無權力、只能接受主人的命令，凡事都只能躲在別人的後面，沒能力在環境中貫徹自己的意志、向對手屈服？我永遠無法博得那個女孩的歡心嗎？我的命運就注定站在台下、躲在幕後，只是別人行動和權力的見證者，只是哪個「大老爺」的助手嗎？

在電影裡也找不到希望。我第一次被史恩．康納萊（Sean Connery）迷得神魂顛倒，是因為詹姆士．龐德（James Bond）的系列電影《雷霆谷》（*You Only Live Twice*）。那時候我才八歲，我跟我哥都很喜歡這部電影。不過等我上大學後，以青少年的身分來看這部片，感受完全不一樣囉。那時候，學校的麥卡里斯特大禮堂（McAlister Hall）每週五晚上都舉辦「電影之夜」活動，只要付一般電影票價，就能看到我們那個年紀最感「性」奮的色情片。這些電影裡通常會出現白色、黑色種馬和一些白人女性，偶爾也會有亞裔女性。不過從來不會出現亞裔男性。在那個性愛方程式裡，沒有他們的位置。

我記得，我那時候拿著一罐海尼根想起自己。**是怎樣啦？**他媽的是怎樣啦！**只是色情片嘛**。但這種安慰讓人感到空虛。也許那些年輕的週末夜女孩既沒注意到也不在意，可是我很在乎。我覺得這件事很重要。這是用一種祕密的地下管道傳達的訊息，我的直覺彷彿明白，尊敬不但可以由上往下灌輸，也能從底層長出來。那些大壞蛋、拳擊手、街頭流氓惡棍、法外之輩、亡命之徒，對，還有色情演員，都會透過地上的裂縫傳送男性尊嚴，不論受過教育與否、是老男人還是青少年，都會偷偷崇拜他們。也許對那些行為不敢苟同，但至少佩服他們的想法。於是這些底層人物的榜樣，也為大眾對男性的認知中增加了一個面向。

當我們的週末電影之夜總算出現一個亞洲人時，可沒帶來多少安慰。那天我們不看色情片，改看動作片，我記得《雷霆谷》裡面的田中虎讓我覺得超囧的。在伊恩．佛萊明（Ian Fleming）的原著小說裡，田中虎是日本特務機關的首腦，是和龐德地位平等（甚至更高）的強大角色。但電影裡的田中根本不是老虎，反而比較像隻小貓，已經被養得乖乖的，也沒有爪子。當這兩人第一次碰面時，他們面對面地站著，高大的龐德襯托出田中的矮小。龐德問他任務密碼，田中乖乖地說：「我愛你。」田中的官階比龐德高，而且場景就設定在日本，算是田中的主場，但龐德高人一等的形象還是馬上就建立起來。之後龐德連續打敗敵人派來的忍者和日本武士。有一幕，龐德和田中坐在浴池中泡澡，幾個年輕的日本妹幫他們擦背。那些日本妹都對龐德毛茸茸的胸膛既害羞又好奇。

「日本男人的皮膚都細緻無毛。」田中說。龐德笑臉迷人地回答：「日本諺語說，樹禿鳥不巢。」大家都笑了。還真是雄糾糾、氣昂昂啊！征服完成。

乖乖牌田中不像《第凡內早餐》（*Breakfast at Tiffany's*）裡那位暴牙先生國吉（Yunioshi）那樣誇張，後者的設定讓人很快笑完就遺忘。但田中那個角色是個合理的設定，你會毫不遲疑地接收到隱含角色之中的卑下感。訊息傳遞就是這樣完成的。這些訊息就隱藏在故事的最深處，大多數觀眾不知道自己正在挖掘那些埋藏的訊息；但我幾乎可以感受到，那天晚上我那幾個室友在麥卡里斯特大禮堂完全吸收了。幾杯啤酒下肚後，腦子裡嗡嗡作響，我想起五年前在廣場大道上碰到的那兩個年輕女孩，麗莎和蘿絲瑪麗。她們以為我是日本人，那時候我一點也不在意。今天晚上我可在意了！

時間再快轉幾十年到《末代武士》（*The Last Samurai*）。湯姆．克魯斯飾演的納森．歐格仁（Nathan Algren）殺了日本武士，還贏得武士老婆的愛，而且最後又打敗那個堪稱末代的真正武士。這部電影說是向日本文化致敬，但整個故事卻套著顛撲不破的公式：某個西方人到東方，征服了男人、接收了女人，解決了東方的某些問題。電影的結局是歐格仁回去找可愛的小寡婦多香（由日本女演員小雪飾演）。我也喜歡這部電影，所以才會在這裡提起。不過我也希望這套公式有一天能反過來執行。比方說，某個日本男人來到美國，打敗美國的陸軍遊騎兵，不但殺了其中一個，還睡了他老婆，最後還拯救了世界，和他的新娘一起住在圍著警戒柵欄的郊區大房子。這樣的一部電影，我猜我家附近的戲院最近大概不會上映吧。

白人男性占有亞洲女性，不管在電影中或現實世界，在異國他鄉或是在本國，都是經常發生的事。單就電影來說，就有：《無心的愛》（*Careless Love*）、《尋找新方向》（*Sideways*）、《沉靜的美國人》（*The Quiet American*）、《異旅情絲》（*Silk*）、《歸零》（*Cypher*）、《愛在冰雪紛飛時》（*Snow Falling on Cedars*）、《來看天堂》（*Come See *the Paradise*）、《情人盒子》（*Chinese Box*）、《紅色角落》（*Red Corner*）、《囍》（*Double Happiness*）、《蝴蝶君》、《印度支那》（*Indochine*）、《大班》（*Tai-Pan*）、《天翻地覆》（*When Heaven and Earth Change Places*）、《007：明日帝國》（*Tomorrow Never Dies*）、《雷霆谷》、《蠻夷與藝妓》（*The Barbarian and the Geisha*）、《櫻花戀》（*Sayonara*）、《蘇絲黃的世界》（*The World of Suzie Wong*），還有電視長片《將軍》（*Shogun*）和《馬可波羅》（*Marco Polo*，一九八二年及二〇〇七年版）、歌劇《蝴蝶夫人》（*Madama Butterfly*）等等。以後還會有更多。最近聽說音樂劇《西貢小姐》（*Miss Saigon*）也要搬上大銀幕，這是美國大兵和越南酒吧女的故事。西方男性占有東方女性，是大家都會接受的文化象徵。各位儘管去討論到底電影是反映出現實，還是創造了現實。我是認為這很明顯嘛，它既反映也創造出現實。

好萊塢根本不想費心去描述亞洲男性，他們只跟著大家熟知的陳腔濫調走就行：高深莫測、勤練不輟的武林高手，而且不要隨便脫褲子。我想不出有哪部美國片可以跟法國電影《情人》（*The Lover*）稍稍相提並論，這部片說的是法國少女和年輕中國土豪的愛情故事（根據法國作家瑪格麗特．莒哈斯[Marguerite Duras]的真實經歷改編）。男主角香港演員梁家輝表現出來的是赤裸裸的性欲，完全沒有武打功夫。但是，正如作家謝里丹．普拉索（Sheridan Prasso）在《亞洲的神祕》（*The Asian Mystique*）書中所言，好萊塢的電影公司似乎不太願意讓亞洲男性在大銀幕上太過浪漫，尤其是跟那些亞裔以外的女演員。

在二〇〇〇年電影《致命英雄》（*Romeo Must Die*）中，香港武打明星李連杰扮演羅密歐，已故歌手艾麗雅．霍頓（Aaliyah Haughton）扮演茱麗葉跟他演對手戲。那時候的艾麗雅既年輕又漂亮，這段愛情故事好像也該開花結果。我是很熱切期待啦！就像羅密歐與茱麗葉一樣。到最後李連杰打敗所有的壞人，艾麗雅只給他一個擁抱。這齣電影的確是拍了一場吻戲，但在放映發行前被剪掉了。隔年李連杰又在《龍吻》（*Kiss of the Dragon*）裡和布麗姬．方達（Bridget Fonda）搭檔演出。這次也一樣是郎有情妹有意，兩人眉來眼去，既緊張又刺激。結果最後方達只讓李連杰在她手背上啾了一下。另一部電影《替身殺手》（*The Replacement Killers*）是由香港演員周潤發擔任主角，跟蜜拉．索維諾（Mira Sorvino）演對手戲。周潤發在這部電影裡算是形象高大、頗為稱頭，他跟女主角之間雖有打情罵俏的曖昧好感，但最後並沒有發展成愛情戲。成龍在《燕尾服》（*The Tuxedo*）裡和珍妮佛．樂芙．休伊（Jennifer Love Hewitt）也是如此，玩太多笑梗反而發展不出愛情戲。成龍跟其他美國女明星的合作也幾乎都是這樣，製片廠不會讓他越雷池一步嘛。

我的侄子迦勒對這狀況有個說法，他是HBO影集《慾望城市》（*Sex and the City*）的忠實粉絲。紐約大都會區的亞裔大概有兩百多萬人，但在這部影集裡幾乎沒出現半個，說好聽一點就是「**符號滅絕**（symbolic annihilation）」吧。順帶一提，這是個社會學術語，意思就是字面上那個意思，用在這裡正好。我跟著迦勒一起看了幾集《慾望城市》，的確感覺遭到滅絕。像我和迦勒這樣的男性，在古靈精怪又漂亮的凱莉、夏綠蒂、米蘭達和莎曼珊的世界中是完全不存在的。她們會和各種男人約會，有俄羅斯人、拉丁人、非裔美國人還有猶太人，但不會有亞洲人。亞洲男人在戲裡不是男人，是道具，或觀眾。我看的那幾集，感覺像扒在窗口偷看私人會館一樣。

「影集中的女性都不會被亞洲人吸引。」迦勒這麼跟我說。他是二十一歲的大學生，一半菲裔、一半白人，既是電視迷也是電影迷。他曾對我說，他是個「尷尬的亞洲人」，這就像是一個官方分類：「要是戲裡哪個女人跟亞洲男性發生過什麼，那麼收看影集的觀眾可能會覺得……覺得……」

當迦勒正在尋找合適的字眼時，我的腦袋裡也出現了一些選項：**失望？生氣？排斥？噁心？情感受到傷害？留下不可逆的創傷？還是覺得世界末日就快來了？**

「疏離。」他最後這麼說。

「疏離？」

「是啊。那種劇情打動不了他們嘛，就會覺得受到排擠。所以這部影集不會這樣演，永遠不會。電影版也絕對不會這樣演，他們不想把觀眾趕走啊。」

如果女主角是亞洲人，情況也一樣嗎？電視台「Lifetime」二〇一〇年製作的電影《嫁給我》（*Marry Me*），女主角是美國華裔女演員劉玉玲，裡面有三個雄糾糾氣昂昂的白馬王子在追她，三個都是白人。要是女主角是黑人，這部電影的製片方敢不安排黑人男星嗎？如果是白人女演員，也會排除白人男演員？我猜不會吧。在那幾個白馬王子裡，製片方至少會保留一位和女主角同樣膚色的男性角色。

像這種影像上的滅絕還真的常常發生，彷彿未經思考就反映出真實的人口分布。二〇〇七年由喬許．哈奈特主演的《惡夜三十》（*30 Days of Night*），劇情設定在阿拉斯加州的巴羅鎮，那裡其實四分之三的人口都是原住民（阿拉斯加原住民和西伯利亞原住民有種族和文化關係）。結果這部片子的主要角色沒有半個是原住民，甚至在街市場景上也沒有長得像原住民的人。各位從這部電影裡，根本看不出巴羅其實是個原住民村落。因為我曾到阿拉斯加旅行過，還在巴羅住過一段時間，我知道阿拉斯加原住民村落是怎樣、感覺如何，才會對電影描述如此失真感到驚訝。

我也在夏威夷住過，還在那裡上過學，我知道那裡有一半是亞裔或太平洋島民，白人只占四分之一。但你要是看了喬治．克隆尼（George Clooney）二〇一一年的電影《繼承人生》（*The Descendants*），大概會以為夏威夷全是白人，只有幾個夏威夷人在彈奏烏克麗麗、偶爾端酒送飲料。這部是我那一年最喜歡的電影之一。不過製片方就不能寫實一點，至少給亞裔或太平洋島民安排一個有台詞的角色嗎？起碼要讓實際居住或曾經住過夏威夷的觀眾覺得合理嘛。

好萊塢眾神甚至還會做得更徹底：就算是根據亞洲男性真實故事改編的電影，也可以完全除排亞洲人，徹底把他們抹掉。這樣也可以！我最近看了二〇〇九年的電影《忠犬小八》（*Hachi: A Dog's Tale*），講的是一隻狗對他的主人，一位大學教授的忠心守候。我知道這是真的故事，我養過秋田犬，跟那隻真正的小八一樣，所以我也很了解這種狗的特性。秋田犬是典型的日本狗，而這個故事的真實性有一部分就在於秋田犬令人難以置信的忠心特質。電影中那位教授實際上是東京大學的上野英三郎，他在一九二五年離世，日本人還樹立了銅像，紀念他那隻忠犬八公。可是到了電影《忠犬小八》，狗一樣還是秋田犬，但場景設定在新英格蘭，教授也改成帕克．威爾森，由李察．吉爾主演。好吧！這算是外國電影改編的美國版吧，最近愈來愈多這種外國電影的改編版本。

然而就算是美國亞裔的故事，電影公司還是會這麼幹喔。二〇〇八年夏季，在熱門電影排行榜上稱冠一個月之久的電影《決勝二十一點》，根據非小說類暢銷書《贏遍賭城》（*Bringing Down the House*）改編拍攝，說的是麻省理工學院的黑傑克團隊破解賭局，在賭城贏了幾百萬美元的故事。主角其實是個很厲害的美國華裔，叫馬愷文。而麻省理工學院的黑傑克團隊裡，也大都是亞裔。領導這個團隊的，實際上也是一位亞裔美國教授，叫張約翰（John Chang）。但在電影裡，馬愷文由英國白人演員吉姆．史特格斯（Jim Sturgess）飾演，張約翰變成凱文．史貝西（Kevin Spacey），而且那個團隊只剩下兩個亞裔，都是配角。

「相信我，我也很想找亞裔演員來演主角啊！」《決勝二十一點》的製片人達納・布魯奈蒂（Dana Brunetti）在一個娛樂新聞部落格上寫著：「但事實上，我們就是找不到有票房保證的亞裔美國演員嘛。」

我在寫這本書的時候，湯姆・克魯斯正在參與電影《明日邊界》（*Edge of Tomorrow*）的前置作業。在這部改編自櫻坂洋小說《殺戮輪迴》（*All You Need Is Kill*）的華納公司電影中，克魯斯飾演的主角名字由原本的「桐谷啟二」改為「比爾・凱吉」（Bill Cage）。華納公司另一部由大友克洋漫畫作品改編的電影《阿基拉》，男主角金田正太郎也會改由金髮碧眼的蓋瑞特・荷德倫（Garrett Hedlund）飾演。

為什麼不找日本演員或美國的日裔演員來演呢？這裡可以插進達納・布魯奈蒂的回答。這可真是萬用的好藉口。除非會影響票房，好萊塢製片人才不會關注弱勢族群曝光率夠不夠的問題。電影公司宣稱亞裔男演員沒有票房保證，不讓他們參與演出，結果這些演員就更沒票房好說啦。就像《忠犬小八》、《決勝二十一點》和其他許許多多的例子一樣，製片方只會保留一點點跟亞洲相關的影像，說這樣就很足夠了。

不過電影公司也的確找了亞裔男演員來扮演某些角色，像是《小子難纏》（*Karate Kid*）系列那個與性無關的功夫高手宮城師父，或者是《醉後大丈夫》（*Hangover*）系列中浮誇炫耀惹人厭的周先生。還有像是《冰血暴》（*Fargo*）裡的麥克・柳田（Mike Yanagita）這種路人甲，也會找亞裔來演。柳田是個矮矮胖胖、戴眼鏡的日裔工程師，在勾引警察局長瑪姬失敗後，開始對著自己的酒杯哭訴：「我好孤單、好寂寞啊！」瑪姬反而要安慰他：**哎呀、哎呀，小矮子，沒關係**。柳田只是個路人甲，不過我記得很清楚，像這種在銀幕上一閃而過的亞裔男，我還記得很多個。

信手拈來就有這些例子：在舊版和新版《真實的勇氣》（*True Grit*）都穿著圍裙的李先生（外國人）；《普羅米修斯》（*Prometheus*）中的團隊成員拉威爾（小配角）；重拍版《當地球停止轉動》（*The Day the Earth Stood Still*）另一個世界的吳先生（路人甲的外星人）；《瞞天過海》系列一到三集（*Oceans Eleven, Twelve, and Thirteen*）的小顏（小配角）；《特務行不行》（*Get Smart*）的麻省理工畢業生布魯斯（肥宅）；《浴血任務》（*The Expendables*）那個非常笨拙的陰陽（串場甘草，小配角）；《新婚告急》（*Just Married*）的袁姓僕人（家僕）；《恐怖社區》（*Disturbia*）的忠心朋友羅尼（主角的夥伴）；《決勝二十一點》的學生小崔（配角）；《型男飛行日誌》（*Up in the Air*）機場中的亞洲人（道具）。在最後這部電影中，喬治．克隆尼看到幾個生意人正通過安檢。是亞洲人。他們行李很少，旅行效率很高，喜歡穿輕便的鞋子，他顯然非常佩服地說。當他的同伴告訴他這種說法有種族歧視之嫌，克隆尼說他只是舉出幾個刻板印像，因為這麼講比較快。

這是我最近跟一位（白人）朋友的對話：

友：「會發生的。就快到了。會有一個突破重圍的亞裔男主角，或是一些具備巨星架勢的中國人或韓國人，散發出跨越種族的魅力。」

我：「到現在都沒有亞裔演員有巨星派頭嗎？」

友：「是啊。嗯我是說，雖然有幾個功夫高手，像李小龍、成龍這種，但他們還不算巨星。他們的觀眾都只是小眾。我說的是可以跨越種族，可以吸引所有觀眾的人。那種巨星會出現的。」

我：「你覺得，我這輩子等得到嗎？」

友：「可以吧。要有耐心啊。」

我：「有耐心是吧？你說得倒是容易。」

朋友：「我懂。」

對我們這些滿懷期待的人來說，進展一直相當緩慢。我現在想起來，最有希望的跡象已經出現了，就來自你期望的所在——東方。二〇〇〇年的大片《臥虎藏龍》由幾位香港演員主演，奪得四座奧斯卡獎，而且是美國電影史上最賣座的外語片。四年後，中國的《十面埋伏》雖然票房沒那麼好，但還是獲得一致好評，也更進一步鼓舞美國製片人搶拍這種吊鋼絲、打鬥動作曼妙的武俠片。後來在二〇〇八年，根據印度小說改編的《貧民百萬富翁》（*Slumdog Millionaire*），以印度為場景，並啟用印度演員，奪下八座奧斯卡獎，包含「最佳影片」的榮銜。二〇一二年最受好評的電影之一是《少年Pi的奇幻漂流》（*Life of Pi*），主角是一位來自印度的十幾歲男孩，由台灣的李安執導。這部電影是印度和英國裔美國人製作。

好萊塢當然會跟著票房跑，但腳步仍嫌落後。偶爾會有一點點小小的進步、小小的鼓勵，但之後又是長久的沉寂。標誌著新時代的亞洲演員好像每隔一段時間就會出現，梁家輝啦、王盛德啦、李截啦、袁瑞克啦，但沒有那種可以創造出巨星的男主角，沒有能夠改變演藝生態的突破演出，到現在都還沒出現。

亞裔演員確實已經突破武打片的限制。最近美國亞裔演員趙約翰（John Cho）在《星際爭霸戰》（*Star Trek*）和《攔截記憶碼》（*Total Recall*）中都有不錯的演出。但是他在《青蜂俠》（*The Green Hornet*）飾演加藤，又回到武打路線（譯按：這個角色其實是由周杰倫飾演）。跟一九六〇年代的電視影集比起來，電影版的加藤雖然和青蜂俠的地位更為平等，但還是個配角。趙約翰最出名的角色是他跟印度裔美國演員凱爾・潘（Kal Penn）一起演出的《豬頭漢堡包》（*Harold & Kumar*）系列笑鬧片，他扮演銀行菜鳥哈樂德・李，最後贏得女孩的芳心。比較正經嚴肅的觀眾可能會看不起這系列電影，覺得只是笑鬧片而已，不過他們的確為亞洲角色帶來了新標記，至少在青少年心靈與思想的陰暗角落是這麼認為的。

日本男星渡邊謙也在大片中演過許多不同的男性角色，例如《全面啟動》（*Inception*）、《來自硫磺島的信》（*Letters from Iwo Jima*）、《藝妓回憶錄》（*Memoirs of a Geisha*）和《末代武士》等等。最後這部電影雖然從頭到尾都是湯姆．克魯斯的主場，但渡邊謙扮演學養深厚的武士勝元，不僅獲得奧斯卡獎的提名，也受到影評人的高度讚揚。在整部電影中，勝元這個角色一直都比主角歐格仁還厲害，不過最後雙方對戰時，勝元還是死了，而歐格仁活了下來。

克林．伊斯威特（Clint Eastwood）執導的《來自硫磺島的信》也是很棒的電影，從日本視角描述二戰中慘烈的硫磺島戰役。伊斯威特後來在二〇〇八年執導《經典老爺車》（*Gran Torino*），以他飾演的主角和隔壁苗族移民家庭的奇怪關係為中心。這部片讓我們得以一瞥今日亞洲移民所面臨的種種挑戰。可是在這個故事裡的亞裔男，不是壞蛋、肥宅、說話讓人聽不懂的移民，就是青少年小屁孩。我一直在等待一個強大、能作為模範的亞洲男人出現，結果當然沒有這個人。伊斯威特本人倒是扮演了唯一一個你可以追隨的硬漢角色。最後結局還是有帶來一點希望，他把隔壁的苗裔男孩看成是自己的孩子，那輛非常珍貴的經典老爺車最後也留給那名男孩，有一種薪火相傳之感：也許這名男孩長大以後，就會變成電影中遲遲未出現的那位既堅強又有愛心的亞洲人。

我之前說過，電視上最亮眼的符號是影集《陰屍路》的葛倫‧瑞，他是末日災難的倖存者，跟幾個同伴一起對抗活屍。這個角色由韓裔演員元尚業（Steven Yeun）飾演，在世界末日到來之前，他是個送披薩的二十幾歲打工仔。他聰明、敏感而活力四射，腳下飛快、足智多謀也非常勇敢。但在亞裔流行文化網站引發熱烈討論的是，葛倫後來跟一個身材高大、性感激情的愛爾蘭裔美國農家女瑪姬‧格林（Maggie Greene）在一起，她也是個熱力四射的人物。在第二季中，瑪姬讓葛倫——還有很多亞洲人（這部影集在中國很受歡迎）和美國亞裔觀眾——大吃一驚，她在某場戲中對他說：「我要跟你做愛！」在哪裡？**就在這裡！**什麼時候？**就是現在！**

「真的嗎？」葛倫不敢相信地說：「為什麼？」

這個像是主導一切的瑪姬說：「你還在囉嗦什麼啊？」然後開始脫衣服。直到她脫下襯衫以後，葛倫才開始脫衣服。然後畫面淡出。後來那位勸我耐心等待的白人朋友對我說：「這不是來了嘛！亞洲男在電視上搞到白女。他們在這一季會一直啪啪啪，可能到下一季還會繼續啪下去。現在覺得好一點了嗎？」

大概吧，我說。這絕對是個進步。

不過讓我們仔細看看這個角色。雖然葛倫可以說是開創了新局面，但還是保有太多我們熟知的特質。這個角色的塑造仍舊刻版化地單薄，接近「弱者」邊緣。他說話的聲線很高。面對言語上的羞辱不會回嘴，甚至也不會生氣。其他幾個人叫他「小矮子」或「肥短」。在第一季裡，有個粗魯的大塊頭語帶譏諷地稱讚他：「你這個中國人還算帶種。」葛倫的反應也只是大家都期待的亞洲式溫良恭儉讓。他說：「我是韓國人。」這又是個萬年老梗。

另外有兩場戲是葛倫被外頭的人抓走，後來被他的同伴救回來，這種劇情通常會配給女性角色。第二次遭到綁架時，他被狠揍一頓，連女朋友也遭受襲擊。葛倫因為無法保護女友而心痛不已。後來葛倫和一個綁架他的大壞蛋梅爾．迪克林（Merle Dixon）對打，最後被梅爾壓在地上。你說誰會來解救葛倫呢？他的女朋友瑪姬。她施展鎖喉功才把梅爾拖走，救出她那個渾身是血、簡直就快陣亡的男朋友。其實在這一集裡，這是瑪姬第二次從梅爾手中救出葛倫。相較之下，我很難想像編劇會安排這部影集的主要男性角色（不管是瑞克、夏恩或戴瑞等那些大男人）被老婆或女朋友拯救的劇情。

雖然葛倫的性格堅定，但其他男性角色都當他是個男孩，對他很好。他也為他們摘桃子、為他們跑腿辦雜事。所以有很多觀眾喜歡葛倫，就跟《經典老爺車》的苗裔少年一樣，他讓大家覺得他以後可能會長成強大而厲害的人。他的可愛，是那種熱心而純潔的男孩式可愛。說穿了就是：一群男人中的男孩。影集製作人讓他博得女孩芳心，讓他跟其他人一樣偶爾痛打殭屍，但他們可沒準備讓他從男孩長大成男人。

我相信，最後還是要靠好萊塢以外的人才能帶來結構上的變化，而這個幕後主導的力量可能來自遙遠的地方，甚至可能是意想不到的企業董事會。比方說，中國首富王健林的大連萬達集團就在二〇一二年五月收購了擁有五千家戲院的美國第二大連鎖電影院AMC。我們許多人都猜測且希望，像這樣的交易可以讓更多中國電影進入美國戲院。

而這不只是中國資金進入美國而已，相反情況也正在發生：夢工廠動畫公司正準備在上海開設製作片廠；二十世紀福斯的老闆也買下發行商博納影業集團不少股權；迪士尼和漫威工作室跟北京DMG娛樂公司一起製作《鋼鐵人3》。像這樣的交叉影響正在進行，而且才只是個開始。我想亞洲人**很有機會**由此擺脫刻板電影角色的束縛，對吧？

雖然我曾發誓再也不看那些爛片，可是辦不到。我一直在看電影、我一直在電視上轉來轉去。看到那些小小的進展，我在心裡偷偷地笑；碰上那些尷尬場面，也只能幹在心裡口難開。戲中的亞洲男人每一次出場，都讓我屏氣凝神。那就是我啊！好萊塢。電影和電視節目就是一面魔鏡，我們在其中看見自己的分身倒影。它們向我們展示我們到底是什麼，讓我們知道自己是什麼身分模樣。若沒有它們，光靠我們自己難以想像。

所以麥克．柳田對著酒杯哭泣時，就是我在哭泣。我不喜歡這樣。我懷疑，要是我在成長過程中看過更多和我一樣的角色，不管是英雄還是壞蛋、贏家還是魯蛇、情人還是鬥士、天才還是白痴，或是形形色色的普通人，以及所有一切的混合體，假如這些我都看過的話，我猜我就不會像現在這麼介意吧。要是電影和電視已經向我展示過一百萬張亞洲人的臉孔和表情，那麼偶爾看到一個哭泣的傻瓜，也不會讓人覺得太在意，這只是一個角色嘛。

我另一個十三歲的侄子凱伊，一半寮國人、一半菲律賓人，而成長過程則完全跟美國人沒兩樣。他讓我想起自己十三歲的時候。每年暑假，他都會來我西雅圖的家住幾週。某天晚上，我們開車去出租店租片，我看他在店裡走來走去，盯著影片名稱，仔細研究盒封文字，足足看了二十分鐘。

「想找什麼？小子。」我問。

他聳聳肩說：「我也不知道。」

最後，我看到他站在店內的一個角落，那地方的影片他已經巡過不只一遍了。那個角落擺的都是武打片，裡面的主角都是那些我們熟悉的角色，有幾部新片看來也跟以前的武打片差不多。我走過他身邊，假裝自己也在找影片，偷偷地看一下他臉上的表情。無可奈何卻只好平靜地接受的表情。就只有這個嘛。雖然他自己都不知道，但我清楚他想找的是什麼。

Chapter 8

Its Color Was Its Size

顏色決定大小

我和腳前的土路有些相似

——王美富

大學畢業、開始工作之前，我花了幾年時間四處旅行，開著我那輛右駕的淡紫色老邁福斯小兔（Volkswagen Rabbit）走遍全國。我把駕駛座旁邊的椅背拆掉，把六十乘一百二十公分的木板架到後座，鋪上露營軟墊就變成一張床。駕駛座的袋子塞了兩本書：一本是某位關心我靈魂的女孩送的真皮書封《聖經》，另一本是便宜平裝本的《在路上》（*On the Road*），我晚上常常讀這本書讀到睡著，有時候則讀到車內頂燈開始閃爍。讀完最後一頁，我會再從頭讀起。有那麼些夜晚，凱魯亞克的文字讓我覺得就這麼死去也無妨，它讓我從一個獨特的視角瞥見生命，就算只是片刻也令我滿足。這個人好像完全融進我的血脈裡，使無法言說的渴望化為文字。渴望就是那些年以來的一切。我渴望任何看得見的東西，更渴望那些看不見的什麼。

我十幾、二十歲的時候，曾經歷過一段強烈的宗教信仰時期，一度沉迷於基督教的福音派。那陣子我覺得這套信仰可以解釋很多事，也讓我有個終極的終點可以盼望。不過當我碰到愈多福音派教徒，就覺得天堂愈不吸引人，希望上帝比祂的人類大使還有趣。雖然我的確碰過幾個讓我覺得好奇、可以相互砥礪，甚至對我有所啟發的基督徒，但這種人久久才遇得上一個。在我遊遍美國那時候，我閱讀托爾斯泰、湯姆斯．伍爾夫（Thomas Wolfe）和傑克．凱魯亞克的時間，要比閱讀馬太、馬可、路加和約翰來得多。而我隨身帶著《聖經》四處跑，除了懷舊因素，它同時也代表希望。

在阿拉斯加的科多瓦（Cordova, Alaska）的某年夏天，在我以那輛小兔為家的時候，我認識了一個年輕女孩，她是我的祕密女友。鎮上的人會看到我們形影不離，但我們並沒有公開彼此是一對。我們也可能只是同事關係，事實上我們剛好就在同一個地方工作。小雯比我矮一點，有著綠色大眼睛，淡棕色頭髮在光線下看似金髮。大多數人大概都沒看過她的頭髮，因為她總穿著連帽運動衫，外頭又罩著連帽雨衣。那年夏天常常下雨。只有我常看得到她的頭髮，那也是我最喜歡她的幾個特點之一。她有一張溫柔但像是小男生的臉。她很聰明、很隨和又很愛笑，有時笑點實在太低了，在還未說到笑梗之前，她就開始笑了。她渴望去喜歡一個人，也渴望被人喜歡。這是我們的共同點。

我們常常待在小兔裡，其中一件最常做的事是口交，大部分都是我坐在駕駛座上，她幫我吹。祕密女友就是祕在這裡啦。小雯很愛那個，那個夏天，她比任何人都更懂得如何緩解我不成熟的性焦慮。

我們還有一些別的共同點：我們都來自天主教大家庭，也都因為爸媽離婚而家庭破碎；我們都愛讀書，最近都剛從大學畢業，還沒想到之後要幹嘛。她跟三個朋友開著篷屋拖車，從印第安納州出發，最後來到科多瓦。他們只比我早幾天開上阿拉斯加——加拿大高速公路。

科多瓦是威廉王子灣史旺冰河南端的漁村。我後來在某次旅行中從飛機上看，這座小鎮真是小到微不足道，像是偶然附在海岸礁岩上的藤壺。小鎮一年之中的大部分時間彷彿都在沉睡，到了夏季，很多人會到魚罐頭工廠打零工：偷渡客、流民、逃犯、流浪者、失學輟學的孩子、各種奇奇怪怪的人，還有掙扎求生的人。除此之外，也有一些頭髮斑白、住在偏遠地區的人，他們冬天設陷阱捕海狸，到了春天就猛灌威士忌，夏天來了才會搖搖晃晃走進鎮裡，又醉又窮，以每小時八．六美元的工資，捕抓大隻的比目魚。而來自南方四十八州的大學生，通常成群結隊來到科多瓦。他們都是白人（大部分啦），像是才剛刷洗得乾乾淨淨的天使，睜著大眼期待探險，找尋暑假的短暫解放，以及某種超越沉滯生活之上的什麼。小雯和我就是在史萊姆線（Slime Line）上相遇的，這其實不是什麼線，而是一道流線生產的金屬工作桌，我們每天在那裡掏洗魚肉臟十二到二十個小時不等。我們兩個拿著鋒利的刀子，在血腥味和魚肚內臟之間慢慢熟悉彼此。

還有一個共同點，就是我們對於性都沒什麼經驗。我在高中和大學的幾次性經驗，都因為恐懼和宗教因素而中途放棄。就算我真的贏得女孩的芳心，婚前性行為也是有罪的。讓人無所適從的恐懼，再加上宗教教條的恐嚇，兩者合起來就比任何東西更能鎮壓狂歡欲望。我是個沒嚐過狂歡滋味的年輕人。

不過在我認識小雯前，我已說服自己口交不算是真正的性行為，在天主眼中是可以被接受的。小雯過去一直被保護得很好，也很靦腆害羞。但她在夏天開始前就發現口交的樂趣，而且馬上在三個短暫交往的男友身上做了不少練習。我們第一次是在小兔裡，她稱呼我的陰莖「sweet」，我不知道她說的是哪個意思（譯按：可愛、甜美、親切，sweet有許多含意）。像「甜蜜的耶穌！」那樣甜蜜，或者「喔，這**好可愛**不是嗎？」那樣可愛？

後面那個，她說。

「可愛很棒啊！」她研究我臉上表情後又補充說明。

「是的，我知道，」我說：「甜一點總比酸的好。」

「甜的**很**好。」

就跟西半球每一個年輕人一樣，我也曾經用尺量過，希望藉此找到自己在世界秩序中的位置。但我一直覺得尺說的和我眼睛看到的不一樣。我的尺說我和平均長度一樣，如果平均長度真的在十二到十八公分之間的話，幾乎全世界都同意這個標準。而我剛好就在平均長度的中間。可是每當我低頭往下看，尤其是在它不興奮的時候，我總是覺得陰莖太小。我的眼睛好像看到了不同的尺寸。為什麼會這樣呢？

我現在明白這狀況對男性而言相當尋常，算是男性染色體組合中的一部分。也許擁有ＸＹ染色體的男性，有某些奇怪的心理機制，會讓我們特別在這方面感到不安。我們都希望自己兩腿間那棵巨大的橡樹，是能夠激起恐懼、引發嬌喘的恐怖武器，像根球棒、像把大錘、像隻不停衝撞的公羊撞開大門。我們幻想用自己的抽插來撕裂世界。但就算是胯下有根大橡木的人，還是會盼望它更大。網路上泛濫的色情圖片，讓任何擁有智慧型手機的人很容易找到無數張怪異的陽具照片。那些像怪物一樣的陽具真是永無止境啊。在為本章搜尋資料的過程中，我看過的陽具大概有連續幾輩子加起來那麼多，也同時了解為什麼現在光說達到平均長度是不夠的。那跟原始人的狼牙棒或粗大警棍沒得比。所謂的平均長度，只是短小的新說法。

身為亞裔年輕人，我不得不面對更深的不安。當然我現在已經明白，那樣的自我評價某部分受到我從小被灌輸的文化所影響。在某種程度上，我們都吸收了周遭流傳的神話，從特定的時空稜鏡折射出我們的個人視野。

關於黑人陰莖的神祕，詹姆斯．鮑德溫（James Baldwin）在他最後一本小說《就在我頭上》（*Just Above My Head*）中寫下：「這跟顏色有關，而非大小……顏色決定了它的大小。」根據鮑德溫所說，透過文化所帶來的預期觀點，黑色就足以創造出男「性」的神祕，以及它的尺寸。有時你只會看到那些你期望看到或**想要**看到的東西。它的顏色就是它的大小。同樣道理大概也適用於黃種男：黃色就等於**小**。

也許西方人看亞洲男性——還有他的陰莖——也只看到他們想看到的，就某方面來說，也是他們需要看到的。我們就不躲躲藏藏、直話直說吧：許多西方男性從亞洲小陽具的神話中獲得極大的安慰和愉悅。白人的**幸災樂禍**正是這神話歷久不衰、繼續流傳下去的原因。有太多非亞裔男性從這個神話獲得難以計量的自信心。

他們不管這個神話有沒有確鑿的科學證據可以證實；也不管Google能提供多少亞洲巨棒的圖像範例；或是在西方生活的亞裔男在種種貶低和輕視中，想要建立自己的男「性」身分會遭到多大的痛苦。這就像指稱黑人智商較低，使年輕的黑人女孩和男孩感到痛苦一樣。後者是對年輕黑人說，他們的智力比較低劣；而前者是告訴年輕亞裔男「性」能欠佳。對一個想尋求自身價值與歸屬，想知道自己能在這個世界走多遠的年輕人來說，誰知道哪個神話會對他的精神帶來更大的傷害？就我自己的經驗，加上許多研究文獻的證實，從青春期到結婚這段時間，幾乎沒有任何東西比性愛、把妹、戀愛更常占據男性的頭腦，而性愛更在其中排名第一。

身為美國的青少年，我更希望自己「性」能優異而非智力超群。我相信自己得要性能卓越，才能進入那個我最想玩的遊戲。如果不這樣，就表示我永遠失去資格。被排除在那個領域之外，就像被生活本身摒棄在外，從世界萬物的核心遭到驅逐。從唯一真正重要的大事中遭到移除。灌輸年輕人說他雞雞很小，使他知道自己的渺小、失敗和不足，目的就是表示傳播這項訊息的人比較大嘛。散播某個種族的男性雞雞小的謠言，會讓散播者以為自己更碩大，表示他們的種族更具陽剛特質、更值得女人的欽仰愛慕，更值得其他男人的尊重和佩服。

所以二〇〇二年冬季，當原本默默無聞的紐約尼克隊員林書豪連續三週先發得分最高時，福斯體育台的記者傑森．惠特洛（Jason Whitlock）馬上發文嘲笑他很小。林書豪是在美國出生的台灣人，在一群高大的黑男、白男中是唯一的黃男。有時林書豪看起來似乎不像他實際身高一九一公分那麼高，也許這也和他的膚色有關吧。他看起來瘦瘦的，但肌肉結實，動作敏捷迅速，而且絕對無所畏懼。他跟NBA一些最出名的球星一起蹦跳跑動，全場為之激動不已，看到的人簡直都嚇壞啦。

這可不是在打乒乓球。這是美國人最愛看、也最能表現男子氣概的比賽，裡面的成員都是全世界最高、也最神勇的男性楷模。於是一夜之間，林書豪在全球黃種人分布地區都成了英雄，連中國的偏鄉小鎮都在為他慶祝。結果在他擊敗柯比·布萊恩（Kobe Bryant）和洛杉磯湖人隊的炫目表現之後，惠特洛——他是黑人——在推特上發文：「可惜今晚紐約某位幸運的女士還是會覺得短了幾公分。」意思就是說：這個亞洲男人今晚也許擊敗了我兄弟，但他在床上還是不夠長。吞下去吧！驕傲的黃男。

這則推文在幾個小時內就引發瘋狂轉推，接下來幾週，林書豪的性能力變成媒體關注的焦點。像是國際商業時報網（*International Business Times*）的報導引文寫著：「自從紐約尼克隊這位一九一公分的台裔新控球後衛爆紅後，關於林書豪的尺寸傳聞，包括他到底有多『大』啦、能不能取悅女性啦等等猜測，都在網路上熱烈散播，成為大家茶餘飯後的話題。」

他只是想把籃球打好啊，可是大家突然熱切討論起他的雞雞來。事實上討論的也不只是他的雞雞，而是所有穿著同樣種族制服的人的雞雞。所有亞洲男性都一起受到大家的檢驗和審查。

試想一位年輕的美國亞裔男性對林書豪的成功感到狂喜，因為他在幾乎看不到亞裔男性出現的球場上，發揮了自己的意志力和技巧。各位可以想像一下，當這位年輕人看到惠特洛的推文會有什麼感覺。它傳達的訊息是，不管你有多少成就，亞裔男性就得承受不夠陽剛的恥辱。不管你走到哪裡，它都會跟著你，彷彿全身罩著一層裹屍布。這是每一個在西方生活的亞裔男性都會經歷的小故事。

所以我們才需要這一章：要解構亞洲男性經驗，就不能不討論他的小雞雞神話；就像要探討黑人男性經驗，也不能不談到他的大陽具神話。這兩個神話其實來自同一個大前提：白人男性的尺寸「剛好位於中間」、最理想；既不會太大，也不會太小。被虛構出來的黑人大陽具代表他們的男性氣概太過極端（原始、野蠻而危險），亞裔男的小雞雞神話則傾向另一個極端（陰柔、服從而軟弱）。而白人則是剛剛好（平衡、比例完美而有益繁衍），是演化最成功的**智人**族類，占據神聖的中心位置，大家都想要成為白人男性。

顏色決定大小。

我十四歲時跟家人住在布隆克斯，那時我有一個同班的好朋友叫文森。他長得高高瘦瘦，可愛又有點天真（至少不全是裝的）。他是白皮膚、藍眼珠的猶太人，以前在阿根廷長大，他家和我家同一年搬進布隆克斯。我們這兩個愛好和平的異鄉人常一起在家附近閒逛，努力想要融入這個社區。我們一起經歷過某些青少年都會做的事：看電影、把妹、聊球賽、交換色情書刊，還會互相比較一下自慰技巧。我們花很多時間聊所有和女孩有關的任何事。對我們來說，她們還是個未知的國度，我們常幻想會在那裡找到什麼樣的狂喜。

每次在商店或其他公共場所發現漂亮女生時，我跟文森常會玩一種遊戲：在不被注意的情況下，偷偷接近那個女生、盡量靠近她，然後我們就會在走道或別的地方偷偷向對方展示褲子裡的勃起。那時候我們才十四歲啊，腦子裡滿是怪異和痴迷的想法，還可以隨心所欲地勃起。不過我們通常還是會跟目標保持一定距離。某次在唱片行，有一個身材超讚的波多黎各女人逮到我們玩的小遊戲，她向文森眨眨眼，轉身離開時又用西班牙語對他說了些什麼。文森那副樣子還真是得意啊！

到文森家過夜時，我們會比較一下各自的配備。我們從來沒有碰過對方的生殖器，但我們確實會一起分享一些規格啦、尺寸啦，就像某些男孩會一起比較模型小汽車那樣。某次我們還比賽看誰射得比較遠，如果沒記錯的話，我們的成績都將近兩百七十四公分（還是一百八十二？），但我比較遠，超過他一個頭的長度。我記得我當時雙手握拳高高舉起，活像拳王阿里（Muhammad Ali）打敗索尼・利斯頓（Sonny Liston）似的。

文森對自己的陰莖感到自豪。雖然看起來不夠硬，但又粗又長，不過並不像他自己說得那麼長。他大概自己加了一公分吧。一般來說，男生對自己陰莖的發言你都不用相信，當然也包括我現在說的話。**重點**不在於那幾公分，而是男生在性方面覺得自己有多少價值。所以啦！這件事攸關重大，我們很難讓那把尺保持不動。不管怎樣，文森興奮的時候，陰莖會稍稍向上挺起，底部變得更粗，然後向前慢慢變細，最後是個漂亮的大頭。它勃起的時候並不會比鬆軟時長多少。當然會變粗，也會變長一點，不過大概就是它鬆軟時的長度。

「天啊！真是太漂亮了！」他曾經這麼說，像握把劍一樣地緊緊握著。

「你不覺得它很漂亮嗎？」

「嗯嗯。」

幸運的是，在比較大小的遊戲中，我的陰莖在勃起時會增長許多，而且就像我後來那輛愛車小兔一樣，有點左傾。每次和文森站在一起勃起時，總是會驚喜地發現彼此差異**不大**。他的確是稍微長一點，我不否認，但我的顏色比較黑，所以更加神祕。沒有誰特別長，但如果真的要比的話，我承認他的比較長。他當然也覺得自己比較長。我們男人啊，永遠都像小孩一樣，爭的就是那幾分之幾公分，所以文森對他的稍稍領先得意洋洋（大概也就不到兩公分吧）。

我在學校的黑人保護者喬伊．韋伯，說他的大雕有二十公分，但也曾害羞地說他插進去後很快就射了：「我想，你們清客和白男的小屌可能可以撐比較久吧。」他告訴我和文森。我們兩個其實都是處男，只能敬畏地點點頭，想像我們這位黑人朋友所說的狂歡世界。我們都在想，黑人在這方面真的比較厲害吧。

上了大學，我才知道黑人大屌神話的缺點和陰暗現實。我大一時認識一位很黑的非裔男雷蒙，他在幾杯伏特加下肚後，向我坦白自己的長度「非常普通」。他說當真相揭開時，女生有時候滿失望的。「她們會有這樣的表情：『喔。』，然後你知道她們大概在想：『其他的藏在哪？』」他一臉不在乎的樣子。有一次他還告訴我，他喜歡他的陰莖只有平均長度。

為什麼呢？我問他。

「有些兄弟因為自己的大屌而沮喪，」他說：「屌大表示腦子小，對吧？」黑人的大屌也會帶來許多現實的刻板印象，「很多兄弟也受不了這些說法啊！」雷蒙說。聽起來像是青少年都會有的煩惱。不過我跟雷蒙都知道，我們就活在一個暗流湧動的世界中，那些不成熟的偏見總會存在，時不時就浮出水面。

雷蒙和我都問了彼此無法回答的問題：當你符合其中一項刻板印象，就表示其他面向都符合嗎？躲開其中一個刻板印象，代表也可以躲避其他那些嗎？我們又該如何處置那種看似蘊含真理的刻板印象和神話？有好幾個月，我們邊喝斯米諾伏特加，邊討論這些問題，儘管覺得煩惱，卻又慶幸找到一位同甘共苦的同志。像這種種族問題該怎麼辦呢？有沒有什麼方法可以解決？我們的斯米諾伏特加會議常談到這裡就深深嘆息，兩人陷於沉默之中。要了解這一切似乎是不可能的，我們甚至無法想像遺忘這些問題的可能。「這真是個他媽的爛攤子啊！」雷蒙常這麼說。

在我二十幾歲、四處流浪的時候，有段時間跟一個叫吉兒的漂亮紅髮女孩約會。第一次一起出去玩的那個晚上，我們在西雅圖的格林湖畔散步，然後就在月光籠罩的樹下，坐在公園長椅上聊天。當我們接吻到一半時，她突然毫無來由地說：「你知道，關於那個大小的事嘛……我們女生不會像男生那麼在意。所以別擔心，我會喜歡你的。」

除了接吻之外我們沒做其他的——好吧，是有做一點點別的——而且她也一再向我保證，說我的陰莖大小沒問題。她跟男生約會都會這麼講嗎？還是特別針對我？我看起來像在擔心什麼嗎？我們對自己都不是很熟悉。

我不知道該怎麼回應她的保證。我記得有個感覺冒出來：這個紅髮美女竟然在想性這件事。第一次約會沒發生什麼，不過第二次我們就做了，後來她小聲地告訴我，她的確很喜歡我的小鳥。我現在知道，女孩會這麼講，代表她們想繼續跟對方約會。也有女人跟我說過我很大。這些話讓我推敲出其中的真正含意。我猜，女人會這麼講，其實是因為男人愛聽嘛，這很明顯。我回想起科多瓦的小雯和她的綠眼睛，她隨時都備妥一缸子的甜言蜜語要倒給我。吉兒的保證也讓我感受到一點點驚喜，就好像在說，她原本不抱期待，但後來高興地發現超出預期；這是不過度期待的生活智慧。那些「顏色決定大小」的壓力的確減輕不少，至少沒在這裡出現。對，我雖然沒能擠進籃下，但只要球還能碰到籃框（通常我都能辦到），就能被人所接受。

第二次約會之後不久，吉兒跟我說她的前男友是個黑人。那時候我想，她這麼講可能是要鼓勵我：如果他是黑人而且很大的話，那麼她滿意我的表現，就表示我的也很不錯。當然，除非她的前男友和我朋友雷蒙一樣，只有平均長度，那麼這些話就只是單純想安慰我而已。不過我永遠也不知道她究竟是真的喜歡我，還是只想安慰我。我跟吉兒的關係只持續了幾週。先退縮的那個人是我，那時一切都處於困惑的混亂狀態。

現在回想起來，我覺得自己可能誤解了整個情況，包括她所說的話。這個可以接近漂亮又聰明的女人的機會，就這麼被我浪費掉了。事情被我搞砸啦。有時候就會這樣，你可能會誤解生活的全部，誤讀每一件事。也許當時你只是透過某個特殊鏡頭向外看，一切事物所見都扭曲了。然後有一天，如果你幸運的話，鏡頭會掉落，即使只是短短一瞬，你會發現這個世界原來還存在著很多不同的鏡頭，你會看到許多不同的顏色、不同的濃淡，甚至完全相反的景象，發現自己過去習以為常的生活只是想像和虛構。要小心這種單一的詮釋啊。

也許吉兒的想法和我的亞裔身分完全無關；也許是因為我內心不斷在尋找、太過期待、擔心話語背後的意涵，才會覺得她在向我保證。恐懼會喚起我們害怕的事物，彷彿內心深處埋藏的祕密磁鐵，把那些原本被遺棄的碎片都吸出來。

Chapter 9

Getting Tall

變高變大

身體容納的生命故事和腦袋一樣多。

——愛德娜．歐布萊恩（Edna O'Brien）

我還留著小時候做運動的伸拉桿，就是架在門框上可以當作單槓的那種架子。隨便在屋裡找扇門，架上那個伸拉桿，我就能呼哧呼哧地拉單槓做引體向上。我最好的個人成績是連拉三十個，兩手朝外，臉紅心跳，血管在某些讓人意外之處膨起鼓脹。我的脊椎也因此拉長，這是我叫爸爸買這個給我的原因，我可以每天掛在上面十幾、二十分鐘，讓重力拉長我的身體，伸展關節的軟組織，擴大脊椎骨之間的空隙，也不知道在什麼地方看到別人說這種方法有效。骨頭間的空隙愈大，我就能愈長愈高，變成我家的籃球巨人天勾賈霸（Kareem Abdul Jabbar）。

後來我長到一七〇就不再長了。上大學後我

認命啦，那個伸拉架也開始拿來掛盆栽。當時一七五公分的帥氣白人室友安慰我，說長不高並不是我的錯。「你是亞洲人啊，」他說：「還想長多高？」

為什麼西方人總覺得亞洲人就應該長得矮小？甚至不單指身材上的矮小，而是整體感覺就是很小。這個問題的答案可以透過幾條途徑找到，但不管過去存在的歷史事實為何，現在也都有了驚人的變化。領頭羊很可能馬上就變成最後一名；小矮子也可能迅速抽高。

在美國的亞洲人大多在國外出生，也大都比一般美國人矮小。這無疑助長了亞洲人等於小個子的印象。但這個印象其實可以追溯到很久以前，也許可以往前追溯到歐洲開始征服亞洲的時候。

回想過去，東方民族在西方優秀人種的壓迫下，痛苦地度過好幾個世紀。這種痛苦即便不是外在壓迫，也是一種內在的強迫誘引。某些人認為，武力和征服屬於男性，是男性附屬的意志產物與延伸。對於征服與男性的辯證關係，現代政治領袖中也許沒有一位能像美國前總統詹森所表示的那樣徹底。根據傳記作者羅伯特．達勒克（Robert Dallek）所說，詹森總統在回應記者不斷追問美國為什麼要介入越戰時，曾拉下褲子拉鍊、掏出陽具說：「這就是為什麼！」

這讓人不得不懷疑，在人類歷史上有多少國王、征服者、將軍和國家元首會用這種方式來解釋他們發動戰爭的原因。**這就是為什麼**。陽具就是權力的象徵。陽具愈大，施展的權力也就愈大；施展權力愈大，陽具也就愈大。而統治主宰就是讓陽具勃起的血液。相對地，投降和屈服向來與陰柔和女性化連結在一起，哺乳動物中的雌性在體型上通常不及雄性，所以西方人自然而然把矮小和屈服看作是一對。默認服從會造成收縮效應，打輸的人當然就會變小囉。

所以早在大多數西方人真正親眼目睹之前，東方人就因為地緣政治的關係與矮小連結在一起。而許多美國人對亞洲人的第一印象，（至少就身高而言）又更加證實了這個小個子傳言。一八〇〇年代，第一波來到美國的亞洲移民大都是來自中國南方的廣東人，另外還有一些日本人和菲律賓人，這些地方的人本來就長得比較矮，有些甚至特別矮小，和一般美國人沒得比，而後者是當時全世界最高的民族。這些亞洲移民以中國男性的人數占最多，平均身高一四六公分（不及一五〇公分），很多人真的長得又矮又瘦。這批廣東人的穿著和模樣更是加深弱不禁風的印象：男人留著髮辮垂吊在背後，有些人穿著絲綢長袍，這大概是早在忽必烈時代之前，中國男人喜愛的穿著。此外，有許多入境美國西部的亞洲移民，最後都從事一些當時被稱為「女性工作」的工作，包括：洗衣服、照顧兒童、烹飪、家庭清潔和園藝等等。傳統上，西方白人不認為這些是大男人該做的事，中國男性也不像美國白人男性對這些工作那麼反感。為了活下去，那些新移民當然什麼都願意做。

然後是很多中國人表現出來的行為舉止，這種可稱之為平和沉穩的氣質，是由千年來溫良恭儉讓的傳統美德與對權威的遵從所塑造而成。但看在美國西部那些狂野掠奪者的眼裡，這些特質常被視為膽怯懦弱。

難怪中國移民會在邊疆地區做一些最髒、最累也最要命的工作，包括：採礦、興建水壩、拓地墾荒，以及一根枕木接著一根枕木地鋪設橫貫北美大陸的鐵路。負責跨洲大鐵路的白人經理發現，這些移民華工是他們看過最可靠又最勤奮的人。管理階層最初只僱用少量華工，但在見識到他們的能力以後，決定僱用更多人。從加州沙加緬度到猶他州海角點之間，鋪設鐵路的萬名勞工中有九千個是華工，那些鐵路公司的經理都認為這些華工任勞任怨，不知疲倦，更加可靠，甚至比體型相當的白人還強壯有力，碰上斷層峽谷也更勇敢。那些華工的主要任務之一，就是安置和點燃炸藥，通常要深入洞穴或懸崖底下的危險環境中。根據統計，因此喪命的華工高達千人以上，他們的工資卻比白人勞工少得多。

但這些勇於冒險的英勇行為並沒有扭轉華人形象，西方人頑固地想像亞洲人軟弱無能。在十九世紀和二十世紀初的美國新聞媒體、卡通漫畫、通俗小說和戲劇作品裡，這些頭懸髮辮、身著長袍馬褂、長得又矮又小的男人，通常只能和白人婦女相提並論。

美國人拿那個形象來安慰自己長期以來的不安全感：從舊世界的種族階級解放出來後，美國白人的男性氣概頻頻受到威脅。「從最宏大的社會層面到最私密的個人生活，從單一個人到組織體系，美國男性都擔心自己優勢不再，不夠強大、不夠健壯、不夠富裕或不夠成功。」麥克．金摩爾（Michael Kimmel）在他那本開創性著作《美國男性》（*Manhood in America*）中寫著：「他們一直害怕自己搆不上那些定義模糊的男性標準，害怕自己不夠男人。」

亞洲人那種不到四十五公斤的弱者形象，可以滿足美國白人的想像，覺得那個種族永遠在自己下面，永遠俯首貼耳，慣於被踐踏和屈服：我們永遠比較高、比較大。

當亞洲人的矮小形象在大眾文化裡被定型的同時，透過美國在世界另一端的軍事行動，也有愈來愈多亞洲人身材矮小的證據湧現。二十世紀，美國陸陸續續在菲律賓、日本、韓國和越南參與或發動戰爭。每個美國士兵回到故土都帶著好幾個大人打小孩的故事，正如某位美國大兵所言，他們的對手都是一些「難纏的小混蛋」。某個在菲律賓南部與摩洛斯人（Moros）打仗的美國老兵，史密斯上尉作證說：「在肉搏戰的時候，我們的士兵實在比不上摩洛斯人。」雖然他們個頭矮小，武器也很原始，通常只是棍棒刀劍，但還是非常強悍。由於某些難以衡量的因素，這些小矮子實在非常難纏。

「如果必須打仗，我們不惜一戰！」北越領導人胡志明鼓動穿草鞋的農民奮勇對抗美國軍事機器，他明智地預言：「就算你們殺死我們十個，我們只能殺你一個，到最後也會是你們先放棄。」他那些矮小的士兵比高大的法國人**和**更高大的美國人更加不屈不撓。而穿著草鞋的胡志明，甚至只有一四九公分高而已。

亞洲人是否都很矮小？他們一直都這麼矮嗎？

這兩個問題的答案都是否定的，這個事實只要是受過教育的亞洲人應該都知道，走遍亞洲各地的西方人也一定清楚。值得注意的是，馬可波羅對他旅程中遇見的各色人種都詳細描述過，甚至包括他們指甲長度和形狀，但從未說過古代中國人特別矮小。他經常讚頌他們的靈巧，也曾說過他們是兇殘的戰士，可能是因為這個原因，亞洲人的形體在馬可波羅眼中增高了許多。

而相反地，中國人首度接觸與歐洲人的歷史紀錄中，對於他們體型的大小也沒有什麼大驚小怪的觀察。他們經常提到歐洲人的鷹鉤鼻、深陷的眼窩、全身濃密的毛髮，令人好奇甚至厭惡；頭髮顏色差異極大、體味強烈，還全身看起來髒兮兮的。不過並沒有提到他們比中國人高出多少。這可能是因為在工業革命之前，歐洲人並不比他們遇到的亞洲人高，搞不好還更矮。研究指出，歐亞人種的身高在歐洲逐漸興盛而中國步向衰弱之際，開始逆向發展，到了十八、十九世紀時，彼此的差距更加遙遠。

南亞、東南亞的人通常比北亞、中亞和西亞人矮小，後者的身高體型近似西方人。如果和南歐人（例如馬可波羅，他是威尼斯人）放在一起對照，這一點尤其明顯，南歐人普遍比北歐人矮小。中國北部和中部的人種身高也相當高，許多歷史文件上都記錄了這項觀察。西安的兵馬俑據說和真人大小同比例，這表示中國古代士兵身長幾乎有一八二公分，和西元前三世紀的任何人種相比，都非常高大。中國傳奇武將關羽和統御船隊的三保太監鄭和，據說身長都將近二一五公分。即使考慮到度量衡的誤差和歷史紀錄誇大的可能性，我相信這兩個人的身高也都超過一八二公分。

時至今日，中國籃球國家隊的幾個中鋒，在全世界也都排在數一數二的位置，這些國家隊的長人幾乎都來自華北和華中地區。過去在休斯頓火箭隊打中鋒的姚明，身高二二九公分，在長人陣中還高出一個頭。不過他的爸媽就沒那麼誇張了：他爸爸身長二〇五公分，媽媽一九〇公分（姚明的太太身高也是一九〇，也是華北人）。直到二〇〇九年，全世界上最高的男人和女人都來自華北和華中地區：鮑喜順，二三六公分；姚德芬，二三四公分。姚德芬在二〇一二年底過世前，仍保持全世界存活女性之中最高大的紀錄。而紀錄中全世界最高的女性，是一九八二年去世的曾金蓮，她身高二四九公分，來自中國湖南省北部。

根據當時的軼事報導，第一波中國移民來到美國時，華北男性的平均身高約為一七〇公分，有不少人身長超過一八〇公分，和當時美國軍隊的白人士兵和許多歐洲移民大致相等。如果第一批來到美國的亞洲移民是來自華北而非華南，那麼美國人對亞洲男性很可能就會有完全不同的看法。

各位可以想像一下，如果太平洋島民（人們常在三大種族分類中，把他們與「亞洲人」混為一談）是第一批大舉移民美國的東亞「蒙古種」，那會是什麼狀況。東加、大溪地、薩摩亞和庫克群島的玻里尼西亞人在血緣上與東南亞人相近，也是全球人口最多的幾個族群之一。他們都是勇猛的戰士，打得血肉模糊的肉搏戰對他們而言是家常便飯。如果一八〇〇年代在美國西岸大舉登陸的是這些玻里尼西亞人而非廣東人，西方人說不定就此認定亞洲人是體型龐大的人種。那麼狂野大西部那些粗暴的白人牛仔又會怎樣呢？

亞洲及其沿海島嶼占地球陸地總面積近三分之一，目前擁有四十億居民。簡單地說，光是東亞地區就有廣袤的土地和眾多的人口。單單中國境內，官方認定的民族就有五十六個，其中人數最多的漢族還可以再分成八個族群，而根據血統和地理條件，某些族群甚至可以再細分為幾百個子群。每個族群都認為自己是獨一無二的，都能指出自身獨特的身體標記。

亞洲人種繁眾，身體上也各自發展出許多不同的變化，足以和非洲人種的繁複多變相提並論：東南亞的尼格利陀人膚色漆黑，和撒哈拉以南的非洲人一樣；日本愛奴人膚色白皙，鼻形尖挺，長得又像歐洲人；吉林、遼寧和山東人身形瘦長、膚色金黃，而西伯利亞尤皮克人則體型矮小；越南和印尼人的膚色是咖啡色，而連結羅馬與古中國的絲路沿途居民則黝黑多鬚。那條超過六千四百公里、穿越多種地形和氣候、開啟東西貿易的絲路，也為幾個世紀以來的人種混合鋪平了道路。

（地理和氣候因素都會影響體型特徵的演化。例如，寒冷地區居民的體重通常比溫暖地區的人還要重。體型龐大才能產生更多熱能，有助於在低溫下生存。歐洲、亞洲和北美身高最高的人種，都居住在北方寒冷但還不至嚴寒的地區。極度嚴寒又會產生相反的效果。體型太高和四肢太長都會導致散熱太快，所以靠近北極的因紐特人和尤皮克人配合嚴酷氣候而演化，體型四肢顯得比較短小。）

我在一本前蘇聯時代的翻譯書上偶然看到一段附注，提到一個住在中國新疆的男人：「他身高中等，皮膚白皙，體型瘦削而結實，手掌很大，臉孔特徵看似印度、伊朗和蒙古種的混和體。兩眼細長，眼珠是淺棕近乎金色。」

我心裡第一個想法是：這也是亞洲人啊。

那麼，有沒有矮小的亞洲人呢？有，而且不少；我們有很多族群的確比較矮。就像我剛剛說的，第一批移民到美國的亞洲人都很矮。後來的亞洲移民大多也都比一般的美國人矮，但對那些移民的子女和孫輩，還有最近才過來的亞洲移民來說，狀況就不是如此。在美國出生的亞裔已經開始長高，而亞洲人口的平均身高也正增加，對某些族群來說，甚至可用暴增形容。

專門研究人類身體發育和成長的「人體成長學」（auxology）專家指出，人口平均身高在短期內也有可能出現顯著變化。人體成長學家表示，全球各大人種都經歷過巨幅的身高變化，但其中變化最大的，通常是那些原本長期生活在貧困之中，後來才進入繁榮新時代的人種。這個描述可適用於亞洲許多地區。

人體成長學是跨越生物學、人類學、經濟學、社會學、歷史學、醫學、營養學和其他專業領域的綜合學門。人體成長學家認為，身高是綜合先天與後天因素的表現，但他們更注意營養差異的影響。他們認為平均身高能反映出社會的整體福祉。社會愈穩定、財富分配愈均等、飲食愈有營養、醫療保健水準愈高、社會福利愈好，疾病、污染和生理壓力都愈低愈少，那麼長期而言就會帶來更高的平均身高。所以已開發國家的平均身高普遍高於發展中國家嘛。研究也指出，在優渥的家庭環境成長的孩子，幾乎都過著比較健康的生活，身高也會比平均水準還高。

戰爭、動蕩、饑荒和疾病是體型矮小的主要原因，這就是為什麼今日亞洲人的身高不及過去黃金時代的老祖宗——根據某些估算——那麼高大。亞洲在過去一千年來（某些地區甚至是過去幾百年來或近五十年來），經歷過許多戰亂，都會造成身高降低。直到現在，還有許多發展中國家深陷貧瘠困乏和動蕩不安之中。

饑荒一再使亞洲人口銳減，中國受到的衝擊尤其猛烈。一三〇〇年代的一次饑荒導致六百萬中國人死亡。一八〇〇年代荒災頻仍，總共造成四千五百萬中國人死亡。二十世紀全球十大饑荒中，竟有七次出現在亞洲（若以前蘇聯國土大部分都在亞洲而言，那就是十次都在亞洲），其中四次就在中國。毛澤東推行大躍進，妄想在一夜之間從農業國家晉身工業國家之列，結果一九五〇年代末期至六〇年代初的荒災，造成四千餘萬中國人喪生，是人類史上最嚴重的饑荒紀錄。

這些數字還沒算入那些因乾旱、疾病和戰爭而死亡的人，而這些災難通常也和饑荒有關。很多人就算沒有死於饑荒，也會受到荒災的影響，這也是死亡人數難以反映的事實，後續影響的其中之一就是營養不良，導致身體發育受阻。中國人在災難頻發之際努力求生存，能長多高根本不重要。

十九世紀，華南的中國人率先移民美國，有一部分原因是華南沿海地區長久以來即有出海謀生的傳統。這些移民大多長得又瘦又矮又小，因為他們的祖先在最近幾個世紀都在騷動混亂中掙扎求生。他們可說是末日災難的倖存者，出外謀生說是移民還不如說是逃難。他們會發現這裡是個巨人之國，如同我家一九六〇年代初到美國時的感受。

一八五〇年，美國人的身高在全世界稱冠，到了二十世紀，美國人照樣高人一等，這反映出他們的社經地位。現在，美國男性平均身高排名全球第九，女性排名全球第十五。根據營養學家指出，這是因為其他國家也學會好好照顧人民。現在全球身高最高的人在北歐，其中尤以荷蘭人為最。荷蘭男性的平均身高達一八五公分，足足比美國男性高出快九公分。

我不久前去過阿姆斯特丹，發現不管是旅館接待員、餐廳服務員、商店店員或是車站售票員都是仰之彌高，我都要抬頭仰望。我遇到的飯店接待員戴德瑞克——我後來都叫他戴德——身長二〇五公分，和美國職籃球星大鳥柏德（Larry Bird）一樣高。有幾次我回旅館時，看到戴德和別的服務員聊天，他們也都差不多和他一樣高。我在他們面前，感覺就像是職籃長人陣裡的魔戒哈比人。我如果舉起手和他們擊掌，他們大概連手都不必抬吧。

研究人員指出，荷蘭的財富分配相對平均，國民所得高，嬰兒與母親在產前、產後都受到良好照顧，健康醫療和社會福利品質都很高，而且幾乎每位國民都能攝取豐富的蛋白質及營養。每個人都能吃肉、喝牛奶啊。各位要是知道僅僅一個半世紀以前，荷蘭是世界上最矮的國家之一，就知道這個變化有多麼驚人。在一八五〇年時，荷蘭男性的平均身高只有一六二公分，比當時中國的北方人還要矮大概七公分。某次荷蘭軍隊召募新兵，竟有四分之一身高不足。

在荷蘭後續五個世代的人民身上發生的好事，如今也開始發生在許多亞洲國家，特別是一些和平穩定、繁榮發展，西式飲食習慣已經持續數代的地區。

某些人說，日本人很可能會變成亞洲的荷蘭人。一九五〇年時，日本的平均身高是工業國家中最矮的，但經過六十年的穩定發展和富裕生活，醫療保健長足進步，西式飲食攝取豐富蛋白質，日本男性的平均身高暴增近十三公分，現在已達一七〇公分。如今走進日本大城市任何一所高中，都不難發現一些高頭大馬的壯漢，和美國學校一樣。美國俄亥俄州立大學經濟學家、人類學家兼重要的人體成長學家理察．史德克（Richard Steckel）說，日本人「到下一代可能就會和美國人一樣高」。

南韓人身高（相對北韓）的急速上升，也是環境因素影響身體成長的絕佳例證。朝鮮半島上的朝鮮人在二戰剛結束時，基本上都是一樣的人種。不過當時的北韓人可能還是比南韓人高出一點點。

但是兩韓分裂後，人民的身高也開始有了分歧發展，兩者差異在一九九〇年代中期的發展高峰達於最大。當時南韓經濟飆升，人民吃好穿好；而北韓卻歷經饑荒折磨，據估有十%人口餓死，約達二百萬人。聯合國發現，由於長期營養不良，有五分之二的北韓兒童發育遲緩，有些地區甚至高達五分之三。研究過北韓難民的人類學家驚訝地發現，青少年男童身高大都不滿一五二公分，體重不足四十五公斤。北韓士兵也往往比南韓士兵矮小，不過他們都把最高大的士兵派駐邊界以美化觀感。到訪問北韓的外國人「常對孩子的年齡感到困惑，」我在《洛杉磯時報》的前同事芭芭拉．德米克（Barbara Demick），在二〇〇四年寫下：「九歲的孩子看起來像是幼稚園生，士兵看來像童子軍。」

而民生富裕、經濟繁榮的南韓，十七歲男孩平均身高一七二公分，只稍稍低於同齡的美國男孩。身長在一八二以上的青少年，在南韓愈來愈常見。我在亞洲各個城市也都觀察到同樣的現象，即使在菲律賓、印尼等發展中國家亦然。這種顯著的變化在世代之間尤為明顯，孩子的身高往往比爸媽高出三十到四十五公分。

最近，我在菲律賓奎松市一家必勝客的歡樂吧吃到飽時段，看到一個巨大的菲律賓男孩一人幹掉兩張辣香腸大披薩，他矮小的爸媽只從中各吃一片而已。那兩張大披薩在男孩面前，就像只是大塊的餅乾而已，那位看起來好像剛從稻田爬出來的媽媽，簡直只有他的大腿般粗。

我在美國的亞裔家庭也看到同樣的對比，那些在美國出生、長大的孩子和第一代移民親戚相比，就像隻長頸鹿那麼高。我在自己的家族中，就看過不少這種年輕一輩和老一輩比身高的好笑情景。我侄子喬許跟他奶奶站在一起時，她才到他的手肘。如果我不介意的話，他的下巴可以直接擱在我頭頂上。家族合照的時候，年輕一輩簡直像是不同人種；就跟我和我爸剛到美國，看到美國人時的感覺一樣。在這個巨人之國裡，我們的子孫也正在變成巨人。

隨著生活變得富裕，體型也跟著改變。身高、體重的平均數值變化幾乎沒個底。事實證明，哺乳動物的體型變化非常有彈性。而隨著體型的變化，財富累積也可能更多更高。更高、更壯、更健康的亞洲人無疑會因為趕上其他種族而受益（不過他們也可能要面對體型高大的缺點，例如肥胖風險、超重帶來的關節疾病、高血壓和其他種種伴隨而來的問題）。

不論身處哪個時代或何種文化，我們都比較崇拜高大的人。不管多麼不公平（而且也不正確），許多人把體型高大視為一種優越的能力。身高就代表力量和潛能，並進而帶來身分和地位。西方社會中的亞裔男性為何在婚姻、戀愛領域遭遇種種困難？「身材矮小」正是最簡單也最有力的解釋。二〇一〇年，《經濟與人類生物學》期刊（*Economics & Human Biology*）發表的研究報告清晰無誤地指出，女人大都喜歡高大的男性，這個結論我們不用想大概也知道。不管是什麼種族，身高只有一六三公分的男人，如果想找到匹配的伴侶，恐怕都要面臨極大的挑戰，因為這個國家裡有一半的女人都長得比他高，有些甚至高出好幾個頭。事實就是這麼簡單，這麼殘酷。身材的高矮也可以解釋為何許多才華橫溢的亞裔，在企業界的升遷會碰上「竹子天花板」：因為那些決定升遷的人，本身就比較高大，而他們也更喜歡和自己相似的高個子嘛。

隨著財富和體型的變化，我們的心理聯想也會跟著改變。我想再過一段時間後，也許只要再過一、兩個世代，「矮小」和「亞洲人」之間的緊密聯繫——**這裡有個亞洲小傢伙……我碰上這個亞洲小雞……你好啊！我的亞洲小朋友**（某位同事常這樣和我打招呼）——也許就不會再如此輕易地出現了。我們的想法會改變調整，用字遣詞也會跟著變化。矮小亞洲人的事實和流行文化形象總有一天會事過境遷而煙消雲散，就像過去以為共產主義國家效率極高，或女人與黑人沒有領導能力的誤解一樣。

Chapter 10

Wen Wu

文武雙全

我們每個人都是一句節選自所有祖先的引言。

——雷夫．渥多．愛默生（Ralph Waldo Emerson）

沒有人是自由的，每個人身上都承載著一千位先祖。

——露西．莫德．蒙哥馬利（L. M. Montgomery）

我為了三名死去的男人前往中國。

二〇〇〇年冬季，他們在西雅圖海港島第十六號碼頭剛卸下的貨櫃裡被發現，死因是脫水、飢餓和嚴寒。三位都是年輕人，貨櫃中其他人則僥倖逃過一劫。這些人在海上渡過十六天，橫越太平洋。他們帶上船的飲水和食物很快就耗光，此後再無補充。貨櫃中沒有廁所、沒有窗戶，也不透光，空氣也不怎麼流動。他們在一片漆黑中或坐或躺，當海面不平靜、波濤洶湧時，裡面的人就這麼翻來滾去。很多人暈船嘔吐，空氣中滿是嘔吐物與穢物的惡臭。當貨櫃抵達西雅圖時，其他幾個人也都瀕臨死亡邊緣。

從一九九九年的最後幾個月開始，已有幾百名中國「偷渡者」來到美國西岸。很多偷渡客不顧人身安危也要進入美國，讓美國人十分驚訝，因此成為全美關注的新聞。當有關當局透露三名死者來自中國福建省，我馬上規畫採訪行程。當時我在西雅圖當記者，主要負責報導少數民族和移民的相關議題。我向主編請求去福建採訪，想探詢那裡的人為何願冒奇險也要偷渡來美。這個提案可謂正逢其時而且理由充分。

到最後，我發現答案和所有人類遷徙的原因都差不多，是一個大家都很熟悉的理由：為了擺脫一成不變的命運（通常和貧困有關），想要追求新生活（通常也就是為了發財）。

但我想去福建還有另一個與偷渡者無涉的理由，和我的祕密自我進修有關。十五世紀，中國航海家鄭和的偉大航行，就是從福建出發的。美國人大概都沒聽過這號人物，鄭和事蹟的英文資料在當時也很難找到。我自己也只是一知半解，所以想要深入進行採訪。我一直都在探索亞洲男子氣概的問題，感覺鄭和的事蹟能使我的調查提升至一個新境界，所以我一直在找尋能和工作有所連結的理由，可以讓我親自到中國走走看看。我的第一選擇原本是雲南省，也就是鄭和出生的地方，不過福建是鄭和船隊的大本營，因此也很合適。

對這位艦隊司令的好奇心，也是觸發我開始尋找自我故事的一部分，這個故事可以回溯到我爸媽和一張前往美國的機票。過去的我彷彿遭到截肢，與所有家族祖先分離，他們原本來自中國，後來才落腳菲律賓和馬來半島。如果你想探索亞洲，尤其是東亞某些王國或國家的歷史，最終總會循線追溯到中國。那個「中央之國」是整個東亞流動與成形的根源，它的傳統在這片大陸上塑造出多元的文化。我現在這副樣子，某種層面上就源於中國文化四處流動的結果，那些來自大陸的祖先也許能讓我學到某些東西。這位艦隊司令就是其中之一。

「你知道鄭和啊?!」我在福建的導遊兼翻譯老李說。他眼睛長著白翳，頭髮灰白，對自己感興趣的話題也相當壓抑。但當我提到鄭和，他的眼睛好像亮了起來，開始眉飛色舞，口沫橫飛說個沒完，而且每說完一句就會笑一下。

我拿出塞在褲子口袋的雜誌文章作為回答，那是一篇關於那位航海家的報導。我把那篇文章遞過去，他只匆匆一瞥就擺擺手。

「喔，了解。」老李說：「鄭和是個大人物，和哥倫布一樣。你知道哥倫布嗎？在一四九二年時……」

「……哥倫布航向藍色汪洋。」我接著說。

「對！對！鄭和就是中國的哥倫布。」

「我知道。」

「但有個差別。」他的白翳眼珠閃閃發光：「早在哥倫布出發前，鄭和就出海航行了。鄭和才是第一個。」老李笑了起來。

福建坐落在中國東南岸，是面對台灣海峽的美麗而崎嶇之地。我參觀了鄭和艦隊出發的港口，就在省會福州附近，遙想當年景象。好幾世紀以前，那時福建可說是中國的「大西部」。一道山脈作為天然阻隔，讓福建省得以獨立發展，成為土豪惡霸及野心人士混雜之地，殺人不眨眼、膽大包天的企業家得以在此迅速發財。這裡面當然也有很多海盜。福建人以強健好鬥聞名，面對敵手時尤其勤奮頑強。二十一世紀初，亞洲四十幾位華裔億萬富豪中，超過一半都來自福建或其後代子孫，中國媒體表示這正是福建人冒險犯難的特質所致。

老李帶我去參觀侍奉鄭和的廟宇，還到幾位當地文史研究者的家中拜訪。老李幫我翻譯，過程中常添加一點個人意見，我全做了筆記記錄下來。鄭和早於哥倫布是對的，但這兩位探險家的冒險年代並沒有相差太久。現在看來，他們兩個幾乎可以說是同時代的航海家。鄭和最後一次航行的時間，和哥倫布停靠在加勒比海的時間只相差大約六十年而已。

由於鄭和的相關事蹟已遭湮滅，留存下來的歷史也很久沒人提起，很多故事都是拼湊而成，那些片斷零星的資訊往往來自他航行經過的異國他鄉。不過關於他的某些新資訊倒是每隔幾年就會冒出來。我們過去所知道的是，他出生自當時中亞地區的蒙古省分（如今隸屬中國）的叛軍家庭，在孩童時代即遭到明軍俘虜並施以腐刑，在稱霸一方的藩王府中淪為奴僕。

和其他故事一樣，那些後來變成偉人的人，某種程度上其實就是運氣好。收留鄭和的藩王個性算仁慈，頗關照鄭和，讓他接受教育、研習文史與兵法，所以他後來才會成為厲害傑出的軍事指揮官。更幸運的是，這位藩王後來成為皇帝。新皇帝熱中開疆闢土、宣揚國威，他的偉大計畫之一就是組成有史以來最強大的海上艦隊出海遠征。這支艦隊的指揮權，後來就交給從奴僕爬升到統督的鄭和。

這個「寶船」艦隊比歐洲所有的海軍加起來還大，從物資供應、部隊運輸、戰鬥巡邏到運載淡水的槽船共三百多艘，載有二萬八千名士兵及商人。最大的**寶船**總長約一百二十公尺，寬約五十公尺，前後九組桅杆，紅綢帆篷，甲板數層，豪華的船艙甚至設有陽台可供休憩眺望。這是人類史上最大的木造船隻，也是當時全世界最先進的船艦。

從一四〇五年到一四三三年，鄭和總共七次率艦遠航，曾到達今日的伊朗、肯亞及坦桑尼亞等地。雖然軍事征服並非這幾次遠航的目的，但船隊統督有時還是要開砲動武，一展雄威。在現在印尼的海面位置，他極力避免與海盜發生衝突，然而一旦受到襲擊，鄭和馬上作出回應，殲匪五千多人，生擒頭目三人，後來都押解回京斬首示眾。這支艦隊在阿拉伯、東非和現在的斯里蘭卡都曾動用過武力，但中國人通常只是被動應戰，那些敵人最後都投降了。不過像這樣的軍事衝突只是少數，大部分對手光看到盛大船隊就默默認輸。

第七次航行結束時，鄭和率領寶船艦隊探索過的地方已跨越兩大洲（如果某些人的主張屬實，船隊也曾經遠航澳洲的話，那就是三大洲），把中國財貨引入廣闊的異國土地，至少有三十五國奉納輸誠。這位艦隊司令巡游距離之邈遠，傳播中華文化於各地之廣闊，當時歐洲的任何航海家都要瞠乎其後。

那麼，我在學校為何沒讀過他的事蹟？我的書架上有一本李察．韓寶（Richard Humble）的《探險家》（*The Explorers*），裡面都是世界上最偉大的海上冒險家，我高中就讀過了，為什麼鄭和這個名字連一次都沒被提到呢？

這個答案，我想是因為我成長的西方世界認為鄭和的事蹟根本就無關緊要嘛。我在學校從沒學到亞洲有什麼偉大的帝國、擁有多優秀卓越的文明，理由大概也是一樣的。如果我知道這些事，我的白人老師和同學也都知道這些事，小時候和青年時期的我看待自己的方式應該會有所不同吧。很多和我一樣的人也會有不同感受吧。這樣的想像難道太超過了嗎？然而我的某些朋友，包括許多亞裔的兄弟姊妹，的確認為這太牽強，而且無關緊要。「誰在乎？」他們說：「都六百年前的事了！」

我不斷地認知到，歷史知識會以非常不同的方式影響著眾人。在我個人的生命歷程中，歷史深邃而奧妙的呈現，向來會帶給我許多新的想法，持續影響著我的世界觀。成長期間自學校學到的歷史，讓我深信不疑地以為，所有偉大的征服者、探險家都是歐洲人。所有高貴權勢者，是歐洲人的臉。所有開路先鋒拓荒者，也都是歐洲人的臉。如果你出生不是帶著那樣一張臉，就注定此生無望。

調查鄭和的存在及他的事蹟，擴展了我對自身潛能的認識。在我開始追尋自我的過程中，我在我的身前、身後找到一條路徑，讓我知道像我這樣血統的男人可以達到什麼樣的境界。就像在麥克坦島上，我彷彿聽見拉普拉普對我說，我們這種人也能打敗更強大的敵人；我從鄭和的事蹟中了解到，亞洲也可以創造出不嗜血、不殘暴的探險家，真正為世界奉獻良善。

鄭和的遠航絕非偶然與僥倖，而是幾世紀來不斷創新與進步的最高潮。在寶船艦隊出航前的一千年內，亞洲——以中國和印度為中心——是全球最先進、最具文化且貿易活躍的大陸。亞洲擁有五個世界級的大城市，它們都是偉大帝國的中心，而且都由繁忙的貿易路線相互連接。從鄭和時代一直到十九世紀初，中國和印度加起來大概就占了全球經濟的一半。

亞洲也曾經是創新的中心。包括著名的劍橋大學科學家兼歷史學家李約瑟（Joseph Needham）在內的幾位學者都曾推測，如果沒有中國的三大發明：紙和印刷術、火藥及羅盤，歐洲也許就沒機會、也不可能統治世界。這真是一個非常新奇的概念，認為歐洲人之所以優越，某部分是因為站在中國創新者的肩膀上才得以達成。當然，想要精確地找到這些創新的起源或知識傳播的詳細路徑是不可能的。但光是知道西方優勢其實也受到東方影響，對我這個從小就在歷史上找尋祖先事蹟的人來說，就是一個肯定。也許在人類的大故事裡，我並不是那麼緲遠而微不足道。

老李開車載我到處繞，帶我到福州附近的許多觀光景點逛逛。他沒在開車時都在讀書，鼻子上架著搖搖欲墜的眼鏡拚命讀。我們在一起那段時間，他大概讀了兩、三本書。他看書非常專注，有時我下車四處參觀後回來，出現在車窗外時都會嚇到他。他要花一點時間才會想起我是誰，嘴裡咕噥著：「好的、好的。」後來我發現，老李擁有好幾個大學學位，而且精通園藝、地方史和儒家哲學等等。

「鄭和是個強悍的男人，但並不凶暴。」老李在閩江口琅岐島喝茶時告訴我。這是當我問起鄭和某次遠航印度時，在馬六甲海峽避免與惡名昭彰的海盜發生衝突的狀況，他這麼回答我。鄭和蒐集了很多海盜的情報，決定遠行繞路以避開血腥的暴力衝突。

「你認為鄭和害怕那些海盜嗎？」我這麼問是想試探他的反應，而非實際答案。我想他也不知道真正的答案是什麼。

「不，不是的。」李笑著說：「不是這樣的。」他喝了一口茶，好像正在歸納他的想法，好做出明確的回答。他的眉毛上上下下地動著，眼睛望向遠方好一陣子。然後好像決定這整件事說起來太複雜似地嘆了一口氣，又重複說：「鄭和是個有力量的男人，但並不暴力。」他有時會用「文」這個字來形容鄭和，但當時我並不了解這個字是什麼意思，而老李也沒辦法用英文充分解釋。後來我離開福建，回到美國後才搞懂老李說的是什麼。

那就是「**文**」、「**武**」的概念。

對這概念的理解打開了我的新視野，讓我更清楚亞洲對於男性的看法。文武兩字表述了更複雜也更完整的男性概念，文武雙全才是最理想的男人，也就是「完人」。這是儒家的看法。這種理想男人不但少有，要做到也很難。這是窮畢生之力也難以達到的至善境界，但至少讓我們清楚看見自己應該努力的願景。直到今天，這種完美的男性氣概仍是許多東亞和東南亞父母對兒子的期望，很多男孩和年輕人也希望自己可以做到文武雙全，傳統女性也都渴望自己的愛人和丈夫能夠臻至如此境界。

在中國過去兩千年中，光是強悍不能稱之為完美，還必須學識淵博、文思豐沛並且擁有高度智慧。所謂最強的男人，必須是哲學家和勇士的結合，而且哲學家的成分要高於勇士。學養深厚的頭腦，會比壯碩的二頭肌或熟練的劍術更受人尊敬。能夠以武力打敗任何人雖然很厲害，但要是可以隨口引述孔子的《論語》，會更受眾人仰慕。而理想的男人必須允文允武，既有文才，又有武略。

因此，想達到完美的男性必須兩路並進，一是**文**、二是**武**，有抱負、有志氣、想要達於至善的男人就要同時兼顧文武，不能偏廢。這套概念在英語文化中沒有對等的字詞。根據中國男子氣概研究領域的知名學者雷金慶所言，**文**是「文學與文化修養」，要透過學習、創造力和思考才能獲得；**武**則是指「身體力量、戰鬥技巧和作戰能力」。簡單地說：文是心智發展，武則是體能發展。

文先武後的順序也很重要。儒家傳統經典《春秋繁露》就曾說：「故文德為貴，而威武為下，此天下之所以永全也。」一位比較柔軟的文士，等級優於剛強的武士。也就是讀書人強過大兵。而完美的男人必須既是優秀學者又懂得武藝，可以給對手來個迴旋踢，但他同時能找到方法**不**動干戈。

武的最高境界，是以文來調合；是克制約束，而非橫行霸道。不受控制且毫無紀律的暴力，反而會被視為軟弱的表現。力量的最終典範，是克制。誠如古人的教導，亞洲武術只講求壓制對手，讓對方失去反抗能力，而不一定要殺死對方。這樣的克制也適用於我們內心的欲望。例如，隨意發洩性欲是不被鼓勵的，克制過度的性衝動才是美德。

和生活的其他方面相同，中國人的這個面向對周邊鄰國也有深遠影響，日本人也採用這套**文武**概念。日本的武士除了要揮大刀砍殺之外，也要接受教育和文化陶養。日本中世紀的許多故事都談到學養深厚與劍術精湛的完美結合。東亞地區的其他戰鬥精英，例如韓國的

「術士」（Sulsa）和中國的少林和尚，都認為心智與精神的培養比單純的武術更可取、也更重要。

中國軍事將領孫武也是出色的兵法家，但他主要是個動腦的思維型人物，戰士一面猶在其次。他的經典哲學著作《孫子兵法》聞名遐邇、中外知名，現在全世界的軍事院校和商學院都要求學生一定要讀這本書。《孫子兵法》說：「是故百戰百勝，非善之善也；不戰而屈人之兵，善之善者也。」這就是文武合一的哲學文本。

這並不是說，亞洲沒有那種依靠武力傾軋對手的武夫。事實上那種人很多，有些還威名遠播，讓西方人覺得比較像是燒殺劫掠的入侵者，而非武藝高強的征服者。

來自蒙古大草原的遊牧民族後裔匈奴王阿提拉（Attila the Hun），五世紀的羅馬人稱之為「上帝之鞭」，讓今日的義大利、希臘和德國等地為之股慄驚恐。希臘史家普里斯庫斯（Priscus）說阿提拉「身材矮小、肩寬膀闊，頭顱碩大；眼睛小、鬍子少，髮色灰白；鼻子塌平、膚色深褐，凡此可見其出身來歷。」他帶領五十萬名騎兵戰士，黥面辮髮，令人望之生畏。只要聽說他即將到來，整個地區的人都會跑光。

到了十三世紀時，又一位蒙古人，成吉思汗，開創了人類史上的最大帝國，從現在的韓國到波蘭東部盡入囊中。蒙古騎兵在四分之一世紀時就征服了廣土眾民，這是羅馬人努力了四個世紀也比不上的，舊世界中有一半的土地都因此重新畫界（成吉思汗尤以性欲貪婪聞名，他可能是人類史上子孫最多的人。遺傳學家發現從中國到中東地區，大約有一千六百多萬名男性是他的直系後代，也就是說全球男性每兩百人中就有一人是成吉思汗的子孫）。

據雷金慶指出，亞洲一樣有剽悍勇猛的男性傳統，但中國並不特別強調這種氣質。中國人和其他社會不一樣的是，千年來他們都堅持理想男性必定**文武雙全**。

鄭和就是文武全才。我想，老李在琅岐島喝茶時想要告訴我的，就是這個。鄭和溫文儒雅但身強體壯，掌握著全球最大的艦隊。他有權力指揮寶船艦隊去任何地方，征服任何國家。但這位海軍司令和他的戰士卻表現出極大的自我克制，他們的行事作風和不久後站上世界舞台的歐洲大探險家完全不同。鄭和及他的艦隊不但沒有訴諸武力，反而依靠善意、慷慨和適當的實力展示來贏得尊重。在哈佛大學政治學家約瑟夫・奈爾（Joseph Nye）創造出「軟實力」（soft power）這個術語前好幾百年，鄭和就這麼做了。寶船艦隊所經之處，鄭和的慈行善舉受到各國人民的感戴，甚至奉若神明。

從他留存至今的寥寥數語，可以感受到這位艦隊司令的個人理念。在寶船艦隊首航的一個月前，三十四歲的鄭和到雲南省的祖墳祭掃，並為他戰死沙場的父親墳前立碑追思。這篇墓誌銘是鄭和留下來的三件第一手資料的其中一件，內容追述他的父親：

> 公生而魁岸奇偉，風裁凜凜可畏，不肯枉己附人。人有過，輒面斥無隱。性尤好善，遇貧

困及鰥寡無依者，恆保護賙給，未嘗有倦容，以故鄉黨靡不稱公為長者。

亞洲的理想男性形象大都強調軟實力，這對西方人普遍認定亞洲人欠缺男子氣概的問題，提供了一部分答案。

十九世紀移民來美的華人除了擁有身材矮小的特徵外，也仍嚮往文武雙全的理想。當這些人來到美國，也就是他們口中的「金山」，大概不會知道這片新土地對於何謂男性的認知，和他們的想法完全不同，而當時美國大西部的狂野男子漢正重新塑造這個概念。馬克吐溫說，這些西部男子漢才是真正的男人：「沒有忸怩作態、戴著羊皮手套的人，全都是強壯、結實、毫不畏懼的英雄好漢，個個精力充沛、幹勁十足、忠誠奉獻，創造出蓋世無雙的高貴真男人。」

那些無法無天的西部牛仔士兵看見中國人的長袍馬褂辮子頭、含蓄舉止和輕聲細語，評價結果自然是：謙恭有禮？好學不倦？謹言慎行？謹小慎微？不拒鄙事？潔身自守不淫逸？不因細故而鬥毆殺人？寧可繞道而行也不要和人打架？**根本就是娘炮嘛！**

這套亞洲式的文武詮釋一直持續至今。截至二〇一三年，美國境內的亞裔人士大約有三分之二在國外出生，那些男性在成長期間很可能還是受到男性本該文武雙全的理念所薰陶。

我認為亞裔族群熱中讀書受教育，就是這套理念的表現，而這樣的情況卻受到非亞洲人的嚴重抹黑和嘲諷。各位如果走進美國任何一所大學的圖書館，很可能會在閱覽區發現一大堆亞洲人，有男有女。在美國西岸某些學校的圖書館，如果不是整個館內都是亞裔學生的話，那就是好多地方都擠滿了亞裔學生。「文」的理念，再加上為長期目標而犧牲奉獻、克己復禮而追求至善的儒家傳統倫理，使得美國亞裔的平均教育水準遠高於其他族群，至少有五成擁有大學學位（美國白人僅三成）。亞裔擁有碩士、博士及其他專業學位的比例也最高。

我在亞洲男性的正式和非正式聚會中也觀察到這一點，他們不大會刻意裝模作樣地吹噓自己如何神勇。幾十年來，我參加過無數的員工會議、董事會和公開聽證會，其中最為喧囂吵鬧、最常與眾人衝突對抗者，通常都不會是亞裔男女。即使是陷於激烈衝突的亞裔人士，往往也能在他們身上看出**文武概念**的克制作用。

針對犯罪的研究也一致顯示，美國亞裔的暴力犯罪在各族群中比例最低。當然新聞上也有脫軌的特例，例如二〇〇七年趙承熙在維吉尼亞理工大學槍殺三十二名學生。事實上正因他是韓國人，才讓整個事變得更加奇怪。過去五十年來，美國聯邦政府的每一份犯罪調查報告都指出，根據犯罪率與人口數量推算，美國亞裔在殺人、暴力攻擊、性侵害和武裝搶劫等犯罪人數比例都比較低。要說亞裔人士傾向和平，可是有數字為證。

我也知道這個狀況不管多麼普遍，你都能找到無數例外。要不是我家也如此，或許我也不會相信這套模式。我在我爸身上也一樣看到文武的特質，雖然當時我並沒有意識到這一點。以他的狀況來說，文和武大概常常發生衝突，互相爭奪主導權。而我也在那樣的內在緊張中成長。雖然青春期的意識曾接收到無數美國電視與電影的餵養，鼓勵我成為藍波、成為勇於戰鬥的筋肉人，發揮不可阻擋的自然力量；但內心深處又懷抱著爸媽多年來的苦口婆心反覆規勸，敦促我行事低調莫囂張，輕聲細語不暴躁，就算要當殺手也要把書讀好、成績顧好。

我從沒想過在福建探訪鄭和事蹟，會和西雅圖的三名偷渡者的死亡有什麼關係，但我留在中國的時間愈長，愈是認識這位艦隊司令，就開始了解到其間的千絲萬縷。事實上，鄭和的故事對中國後來的衰弱有著重大影響，最後催生出迫使偷渡者願冒奇險遠渡重洋的大環境。

從鄭和最後一次航行開始，到西雅圖海港島死去的偷渡者事件，這六世紀以來的歷史大概是這樣的：

寶船艦隊如果繼續沿著非洲東岸向南航行，繞過好望角又往北航向歐洲，最後很可能到達美洲（的確有少數幾位歷史學家宣稱，其實中國人比歐洲人更早到達美洲）。然而在一四三三年的航行後不久，一直支持寶船艦隊的皇帝死了，朝廷受到一批有權有勢的儒家官僚控制。儒家一向把探索境外土地的「外向」政策視為錯誤，認為專注內在才是美德。他們同時認為這些探險活動竭民耗財、靡費不貲，況且朝廷地位尊貴，一味爭逐盈利實在太低俗。

儒家官僚解散寶船艦隊，摧毀所有遠洋船隻，並施以海禁，禁止出海探險，違者處死。為了確保後人不會追隨鄭和的壯舉，他們甚至焚毀鄭和的航海紀錄，船隊司令及他的巨大艦隊在官方檔案中被抹除得一乾二淨。

某些學者認為這正是中國優勢不再的開始。中國人本來可以領導世界卻選擇離開，回到王國和自己人待在一起。印度的狀況差不多也是如此。亞洲這些古代文明的統治者自以為擁有他們想要的一切，不需要再跟外界接觸，其他地方並沒有他們想要的東西。歐洲進入啟蒙時代後，熱中科學探索，並因此創造出技術先進、橫掃全球的船堅炮利；與此同時，亞洲卻陶醉自滿，故步自封。在西方轉型時，東方停滯不前，幾百年這麼累積下來，最終是歐洲統治了亞洲和全球大部分區域。

文化上的麻痺昏沉、人口過多，再加上幾十年來的錯誤政策，導致福建等地情勢嚴苛。二〇〇〇年時，工人的年收入平均才一百二十至二百五十美元。成千上萬福建貧民搭船偷渡，向外尋找新機會和更好的新天地。在這個千禧年剛開始的幾天，張輝、江典標、朱本清和十五名年輕男人一起躲在日本郵船公司「五月岬號」甲板上的潮濕貨櫃中，一起前往西雅圖。最後的結局，各位都已經知道了。朱本清是三人中最後一個死去的，當時船員都已經能望見西雅圖大樓林立的天際線。

「你要找的東西找到了嗎？」旅行結束時，老李問我。

「我也不知道。」我說。我心裡想著：「也許才剛開始吧！」可是我沒說出口。

我寫的報導描述了基本狀況，提到這個正在崛起的超級大國，仍有很多人正等待被經濟奇蹟所解救。但這次旅行對我的重大意義，其實是找到亞洲男性氣概的重要觀點，讓我可以繼續深入探索。

但對於我成長期間對鄭和及其東方的偉大事蹟一無所知，這件事仍讓我懊惱不已。歐洲中心主義也許是應該受到譴責的部分原因，但罪過更大的，或許是那些背棄鄭和，讓中國閉關自守的儒家官僚。少數幾位西方學者早在一九三〇年代就知道寶船艦隊，但一直等到一九九四年李露曄（Louise Levathes）的《當中國稱霸海上》（*When China Ruled the Seas*）出版，鄭和才算正式被介紹給美國人。不過寶船故事受到大眾關注的時間點，仍要等到一九九九年尼可拉斯·克里斯多福（Nicholas Kristof）在《紐約時報雜誌》的報導：「一四九二年：前傳」（1492: The Prequel）被刊出，我塞在褲子口袋裡的就是這篇文章。

換句話說，直到上一個千禧年前的最後一年，也就是在我寫下這本書不到十五年前，基本上沒人談過鄭和的航行，而絕大多數的美國人也完全沒聽過。我的大部分朋友和同事到現在也都不曉得。我到美國各地旅行，會和一些大學生——包括亞裔學生——說起他的名字，但往往只得到和我家孩子一樣滿臉困惑的回應。

「鄭什麼？**誰啊？**」

我們學到的歷史往往只是故事其中一部分，甚至只是整體的一小片而已。有時你必須自己去尋找其餘的部分。不曉得我還會找到多少位偉大的亞洲探索者，不論男女。

Chapter 11

Yellow Tornado

黃色旋風

落花飄零
是吾身

——藤原公經（Kintsune）

某位老朋友寄了一支影片給我，我一個人在辦公室看了一遍又一遍。其實這段影片我二〇〇四年就在電視上看過，不過現在的我更能仔細研究、細細品味那段過程。每次觀看這段影片，我都還能感受到第一次看到時的那份擔心和害怕。我擔心那個黃種人會輸。我擔心在那個最盛大的舞台、奧林匹克運動會上，在十億人的注視下，全球黃種男性的祕密希望就此破滅。

男子一百一十公尺跨欄，需要爆發力和速度，像馬一樣脫韁狂奔；還需要高超技巧，不管在跨欄前或跨欄後，都要能維持速度，駿馬般全力奔馳。這次比賽的選手陣容，大家都很熟悉，全是來自歐洲和美洲的黑人男性。不過第四跑道正踩進起跑架的，卻是中國的劉翔。一個黃種人怎麼會擠進短跑決賽呢？這一定有什麼誤會、出了什麼意外，或者是誰受傷了吧。劉翔必定是到了最後一分鐘才臨時替補上場，和起跑線上那一整排黝黑壯碩的肌肉相比，完全就是個擺飾，做做樣子而已吧。

起跑的槍聲響起！

劉翔一馬當先急衝而出。跨欄第一道、第二道、第三道，他沒跌倒，也沒落後。怎麼回事？跨過第五道欄時，他和大家並駕齊驅。第六道、第七道，到了第八道欄，這個黃種男人猛力衝刺，他的速度如此之快，我的眼睛幾乎跟不上，我的思緒也跟不上。第九道、第十道，終點線就在前面。其他選手已經被甩在後頭，賁張怒髮衝過終點線，那頭黑髮在風中飄舞。時間：十二秒九一，打平世界紀錄。

雅典奧林匹克體育場的觀眾目瞪口呆，像是不知來自何處的彗星突然劃破天際。有些觀眾叉腰站著，四處張望，臉上的表情似乎在問：**你有看到嗎？這是真的嗎？**

賽後，劉翔面對新聞媒體，他說：「這一刻不但是中國的驕傲，也是亞洲和所有黃皮膚人種的驕傲。」他身材高挑，皮膚光滑而肌肉結實，堅毅下顎時時閃現迷人微笑。他說還會出現更多「奇蹟」，他們會「在全世界帶起一股黃色旋風」。

後來他持續打破世界紀錄，也在中國成為流行偶像，代表著「可能性」的象徵。全世界的亞洲青年男性現在有了無可辯駁的證明，亞洲男人的體能一樣有潛力，在那些向來被視為黑人和白人選手專擅的領域中和他們一較高下。我當然也這麼想。我認識的很多人都這麼想，只是沒有大聲說出來。我這輩子一直都以為，在那些強力運動中，黃種人不必自取其辱。

這只是一場賽跑嘛！我也知道。把它看得那麼驚天動地，我自己都快不好意思了。但不知道為什麼，我心裡那個小小的枷鎖好像就解開了。那時候我心裡總以為，每件小事其實都諭示著更大希望的到來。而且那天我在辦公室一定特別煩累。當時我還在《洛杉磯時報》適應國內通訊員（派駐西雅圖）的工作，感覺壓力奇大，愈來愈懷疑自己能否勝任。那天晚上我無精打采，既不想回家也不想離開辦公室。我朋友寄來的那支影片就放在一大堆郵件的最上面。我把它塞進錄放影機，看著看著，發現自己受到了鼓舞。我沒有仔細去思考原因何在，旁邊也沒人有疑問，我一再地按下倒帶鍵，一遍又一遍地觀看那十三秒，最後一次是用最慢的慢動作播放，影像停止在衝過終點線之時。

到處都有旋風已然掀起的跡象，我也一再被捲入旋渦之中。美國大眾在一九八〇年代，開始發現經濟學家在更早之前就觀察到的現象，也就是整個世界的秩序和結構似乎正在進行巨大的轉變，照高爾·維達的說法：「長久以來令人懼怕的亞洲巨人」正在甦醒。

我在一九八〇年代時也注意到了，生活正要發生劇烈變化。那時我年紀大了一些，不再那麼難相處，在社交上更有自信；我開始思考自己的身分，以及自己在這個世界上應該做什麼的問題。在這種種條件下，我也開始發現自己的轉變，如今回想起來，可以說是開始從傳承的古老恥辱和難堪之中爬出來。

我的爬升是怎麼受到地球另一端黃色旋風翻騰的影響，這個問題的答案我只能猜測。我能確定的是，我確實**感覺到**這兩者的關聯：在我爬升之際，我出生的那片大陸也正在崛起，兩者之間似乎有著跨越重洋的千絲萬縷，牽扯著共同的歷史與磨難，如今它則代表一個新希望。

某一部分是因為，尋找身分認同現在已經成為跨國的全球化經驗。以前的移民通常會和過去的祖國一刀兩斷，永遠隔絕；但如今因為旅行和通訊的便利，移民可以和祖國保持聯繫，建立跨越重洋的不同身分。所以我既是亞洲人，**也是**亞裔美國人。而亞洲的崛起也助我一臂之力，就算它只是一種自尊的來源；在我的能量萎靡時，能夠找到額外補充的神祕儲備。有時它會鼓勵敦促我向前走，走得比自己想像的還要遠。也許這就是為什麼我一再按倒帶鍵的原因：我跟著劉翔一次又一次地衝過終點線。

但我到現在也還沒完全擺脫困境，某些時刻我會再次陷入低潮。那不見底的深淵總有一股把我往下拉的引力。繼承而來的東西都如蛆附骨、難以擺脫；更何況我來到美國這三十年只是一直四處奔波流浪，不斷地開始和結束帶來種種迷惘，這時我這段不完美風暴的經歷可一點也幫不上忙。就算在有所進展的狀況下，這些驚厥抽搐似乎也在同時增強。我自己颳起的那陣旋風，也把自己搧得東倒西歪，雖然為我釐清了新路徑，卻也帶來莫大的破壞。

後來我換過幾個工作，數次前往亞洲旅行，同時也仍進行著祕密的自我進修，發誓一定要向那個偉大的男性概念抗爭。但在日常生活的層次上，我時常遭遇失敗，難以展現男性氣概。

我讀完研究所後不久就結婚了。她是德國和愛爾蘭裔，聰明開朗，既溫柔又可愛的女人，是其他男人會很羨慕的伴侶。除了嫁給一個不知道結婚是怎麼回事的男人以外，她可說是毫無過錯。我們在西雅圖認識，為彼此的不同而互相吸引，卻在尚未真正展露內心深處前就交換誓言。提到沒有展露內心，其實我的症狀比較嚴重。因為那時候我還在摸索、衡量自己的內心，雖然隱約感覺到一些輪廓，卻也還沒找到正確字詞得以述說。這種憂鬱被我帶進婚姻裡，當婚姻不能為我解決這些問題時，我愈來愈失望。最糟糕的是：我偷偷地把自己的不幸福怪罪於她，而且沒能清楚說明就轉身離開。

婚姻裡總有許多事不斷地發生。我會這麼說是因為，我有個至今仍不停地在轉變的想法：我原先不願相信我們的族種背景對婚姻破裂起了巨大作用，但這個因素的確可能造成影響。後來某些朋友跟我說，它的影響力比我願意承認的還要大。其中一位朋友伊莉莎白，曾在我們的婚禮上看到我家人和我太太的家人，後來我們分手後，她就跟我說她那時候就覺得我們撐不了多久。

「可是你那時候什麼也沒說啊！」我說。

「拜託！」她說：「那時候你也聽不進去吧。」

「的確。而且說不定還會恨你。」

伊莉莎白點點頭：「八成是這樣。」

「那好吧，你現在已經說出來了。要不要跟我說，你當時看到了什麼？」

伊莉莎白想了一下，用一種道歉和同情的眼光看著我。「你的世界跟她的世界，根本在兩個極端，永遠碰不了頭。」她說。

我愈聽愈火大：「這到底是什麼意思？」

伊莉莎白歪著頭看我，我火了，她也火了。她的表情像在說：**算了吧你，不要天真了**。

伊莉莎白的爸爸是黑人，媽媽是白人。她把自己定位為黑人，但有時候會同時以黑人和白人的觀點來看事情。不總是這樣，只是有時候。現在可能就是那個時候。但不管是為了什麼原因，總之我們這段對話沒能繼續下去，我覺得滿後悔的。因為我現在覺得，她當時可能有很多話想說。畢竟，我和我太太一開始互相吸引的原因，就在於我們的背景完全不同。

我是亞洲的孩子，像黃土的顏色；我太太則是歐洲人的後裔，像瓷器的柔白。我比較矮，她比較高（「但躺在床上一樣高」，我們常常這麼說）。我跳躍多變，她敦厚穩重。我內心戲很多，她是動作派。我的家人很情緒化，時常感情流露，非常誇張；她家則很謹慎，正經八百，那些激動昂揚的一面不太會表現出來。

我們兩家人除了一些雞毛蒜皮之外，不會聊什麼嚴肅的事，有的話大概也只會出現二、三十秒吧，再來就無話可說。他們都沒興趣深入接觸彼此，彷彿知道這麼做只是白費功夫。我和我太太都低估了這個家庭因素——也許還有祖先因素——已經深入自己的靈魂。我們都只想到自己，以為自己是新國度新一代締結而成的現代夫妻，相信愛可以超越一切。當然我現在還是相信愛可以超越一切，可是我和她都沒能做到。我們兩個也許都各自繼承了家族宗親的某些組成成分，不知不覺地帶進婚姻裡，結果在最初的狂熱消退後，變成雙方都難以跨越的深邃鴻溝。可能是這樣吧。

我記得我們是在格林伍德大道的一家咖啡店簽字離婚，我心裡在哭泣，被自己的徹底失敗完全擊垮。我那位即將成為前妻的太太還是那麼可愛，她值得被更好的人追求，她平靜地坐在桌子對面看著我，以一種我無法理解的尊嚴讓自己保持鎮定。

我發誓再也不要結婚了。

結果幾年後我又結婚了。

梅莉莎跟我，如果把談戀愛的時間也算進去，已經在一起二十年了。她既聰明又漂亮，在許多方面都比我好：更有同情心、更寬容、更有耐心，也更有奉獻的精神。她的內心雖然比較溫柔，但比我更為堅強。她可以容忍我的黑暗情緒而不會因此被消磨殆盡。她不會讓我迷失在自己的胡思亂想裡，會找到一條路把我帶回來。她對我們的兩個女兒——老大是我第一次婚姻的孩子——和家族的孩子們而言，都是充滿耐心和奉獻的好媽媽，也教導我成為一個更好的爸爸。某些認識我很久而且敢直話直說的朋友，例如伊莉莎白，都說一看到我們兩個就知道是天生一對。這是大家的直覺觀察，也證實了我的直覺沒錯。

這不只是因為梅莉莎也是菲律賓移民的孩子，雖然這的確發揮了作用，毫無疑問。我們的膚色、容貌和種種特徵，都可以看出是同一種族。我們在美國的童年經歷也非常類似，不需要多加解釋。彼此過去曾經發生過哪些事，我們都很清楚。除了雖是美國公民但都像個外來者之外，我們也有類似的生活方式，天生都是運用語言和思考來解決問題的觀察家。我們是在報社認識的，都是對世界充滿好奇、希望深入探索的新聞記者。我們的繆斯女神可謂成雙配對。

我體驗到一種輕鬆的生活方式，是我以前從來不知道的。梅莉莎也和我說，她從一開始就覺得和我在一起很自在。她以前交過五個男朋友，都是白人。她說和我在一起時，有一種回家的感覺。我們家其實很亂，很多地方都需要修繕，陰暗的地下室東西堆得像迷宮，還有很多蜘蛛四處爬，但仍然是她心靈深處可以放鬆的地方。

關於那個深入探查，也就是我的祕密進修，雖然她不能完全理解我的內在動機，但她可以接受。她也不認為我和其他男人相比有所**欠缺**，不過她也曾用很多方式來告訴我，她了解周遭環境對我心情的影響。她都懂也都能接受，但會跟它保持距離。她支持我繼續深入探查，就像某些做太太的人會讓老公每晚泡在車庫裡，做些只有老公自己覺得很重要的事。不管最後是什麼結果，她都不介意。因為這是一種心靈的修補，讓心底的那些噪音、雜音平靜下來，這很重要。她一直在關注我，也親眼見證我的變化。

從八〇年代中期開始，一直到整個九〇年代，我愈來愈覺得自己心中的自卑感、我的悲情亞洲情結，需要進行重大修正。我在出差、旅行時，在各地都看到愈來愈大的亞洲影響力，事實上也不必跑太遠，就足以讓我了解到，愈來愈沒人相信早年我在這個巨人之國領受過的亞洲劣勢神話了。

這不只是因為亞洲餐館和商店林立，到處都有瑜伽、靜坐工作室和武術館，甚至鄰近街市和購物中心都有許多亞洲文字的店家招牌，高速公路上滿滿都是本田、豐田和日產汽車到處跑，美國各個城市的商店貨架上都能找到Sony、Panasonic和三星的產品。

不僅亞洲經濟崛起的消息穩定出現，一個接一個的奇蹟更接連發生：首先是日本，然後是中國，再來是印度，還有台灣、新加坡、香港、韓國和馬來西亞幾隻「小老虎」。他們一同崛起一起翻身，這是二十世紀的大事件。在西方工業革命的經驗中，生活水準可以在一代人的壽限內就提升五十%，可謂前所未有。依照現在這個速度，亞洲的生活水準可望在一代人的壽限內提升一百倍。根據預測，到了二〇二〇年的時候，全球四大經濟體中將有三個在亞洲。

亞洲地區捷報頻傳的同時，美國的亞裔人士也力爭上游。新世界的後來者，被稱為「模範少數族群」的亞裔美國人，不但教育程度和收入水準都高於平均，在社經地位的爬升也比一般人還快。亞洲女性在西方人的想像中，烙下了深刻印象；亞洲男性也更頻繁地出現在公共生活之中，我在一九九八年的親身經驗可以充分證明這一點。

那一年我獲得檀香山頒發的一筆研究基金，我跟其他得獎者一起和夏威夷州長班・卡耶塔諾（Ben Cayetano）見面。過去我不知道他是誰。我們在州議會大廈的行政廳碰面。他身材魁梧，一頭濃密的黑髮，一雙眼睛看似友善又漸漸閃現狂熱激動的光芒。他以務實沉穩的態度回答我們的詢問，聊了二十幾分鐘。要說我是聽他在講，不如說我一直在注意觀察這個人。眼前的他真讓我驚嘆。最後他和我們一一握手，我注意到他的皮膚與我的黃土顏色完全一樣，**完全**。我在他臉上也看見了自己的輪廓。

不久後，我在西雅圖的某個公共論壇上又碰上華盛頓州長駱家輝，他以前在郡級政府擔任行政官員時，我就曾經採訪過他。駱家輝的成長經歷也是個典型的美國故事。他出生在國宅中，由說中文的父母撫養長大，一直到進入幼稚園時才開始說英文。現在他是我住的這個州的州長，是這個公共論壇的負責人，巧妙而毫不猶豫地展現適當權威。

所以，在幾週內我就連續和兩位身居要位的亞洲男性接觸，他們都是能言善道，魄力十足的行政首長。事實上，美國也只有這兩位亞裔州長。卡耶塔諾的祖先就來自菲律賓原住民頭目拉普拉普的土地；駱家輝則是中國人的後代。我記得我當時在想，生活正在重新整理我腦海中的老故事，畫出新的圖樣，給我一些新人物繼續研究探索。

大約在駱家輝第一段任期結束時，一位來自日本的運動員讓西雅圖為之瘋狂。他是職棒球員鈴木一朗，身材修長，臉上常帶笑容，戴著太陽眼鏡，擁有火箭般的臂力，一下子就在美國的太平洋西北岸地區成為最受歡迎的球員。他不是日裔的混血「二世」移民，而是道道地地的日本人：在日本出生長大，在日本接受鍛練，是日本職棒聯盟的產物。球隊資料說他有一八〇公分，但實際上可能只有一七五，體重七十七公斤（如果把他的釘鞋、頭盔和球棒一起算進去的話）。不過問題是，在這個巨人之國，他會有什麼表現呢？

他用強棒出擊來回答。他加入西雅圖水手隊後，第一個球季就拿下美國聯盟新人王和年度ＭＶＰ的榮譽——同一年拿到兩項頭銜可是非常厲害——帶領球隊取得一百一十六勝，打平二十世紀以來最多勝場紀錄。他在西雅圖像個搖滾巨星，像瑪丹娜或波諾（Bono）那樣，狗仔隊成天盯著他，球迷搶著找他簽名。他的臉出現在大樓和廣告看牌、海報和T恤上。真人大小的人形立牌在每條路上、通道上、走廊上和我面對面。一朗的照片擺在每張桌子上，大家都好崇拜他。可是一朗的英文程度大概只會對你說：「Thank you」（謝謝你）。

我想到以前和朋友到大學區的戲院看《駭客任務：重裝上陣》（*Matrix Reloaded*），她是基努．李維（Keanu Reeves）的粉絲。走出戲院時我跟她說：「你知道他有夏威夷和華裔血統吧。」

「我知道他有別的血統。」她說。

「根據一滴血原則，他算是亞洲人。」

「你們亞洲人現在可紅了。」

我朋友用力打了我手臂一下，我大笑。不過這是真的。掌管這個州的是華人；這地方最受歡迎的球員是日本人。《西雅圖時報》最近兩位獲得普立茲獎的員工都是菲律賓人，其中一位，拜倫．阿科多（Byron Acohido）有韓國血統；另一個就是我。我和我朋友都開著豐田車去戲院，而我們剛剛看完的那部賣座大片，男主角是現在正出名的流行明星，擁有華人和夏威夷人的血統。如此具體的發展並不只出現在西雅圖或美國西岸。我在家鄉看到的狀況，也都在全美發生，只是程度上的不同。

這些進展都可以作為我個人調查的佐證。我開始意識到自己調查的本質是什麼：幾乎就像是在審判自己的男子氣概一樣，既扮演檢察官又是辯護律師。我身上那位檢察官是自我譴責的聲音，他無情、凶狠，善於運用各種證據。他俯拾皆是，不乏材料，想永遠讓我處於自卑的悲情；但辯護方也蒐集運用我身邊發生的種種好事，特別是愈來愈公眾化的亞裔男性形象，這種「價值聯想」給我帶來不少鼓勵。

對於這樁審判來說，這些外部發展毫無疑問都是必要的。它們象徵著舊障礙的崩潰，擴大了亞洲人在文化想像中的輪廓。我受到了鼓舞和保證，內心感受到一股振奮。看到劉翔衝過終點時，**還是**讓我偷偷地激動起來（影片在YouTube上就看得到）。親眼看到卡耶塔諾和駱家輝本人、看到一朗在薩菲柯球場的表現，讓我在公共事務上充滿了自豪感。我也開始覺得自己是這個團體的一份子，一樣會受到認可，能在公共領域中大步向前。這些男人在公共領域中掙出一片天地，讓自己被看見，也讓我覺得自己被看見。

在我開始從悲情中站起來時，回想過去，我發現到某些東西是以完全不同的方式鼓勵我振奮起來，這是我過去從未料到的精神提升。這些東西創造出一種**內在心靈**的確切本質和凝聚力，讓我感覺更強大、更有力也更堅實，推動著我向前。

給了我這個確切本質的東西就是工作。具體地說，就是從事有意義的工作，讓我得以善用自己與生俱來的有限天賦。工作讓我專注在對自己權益至關重要的問題上。更好的是，工作也對我以外的某些人和某些事帶來影響。

奇怪的是，長久以來我以為自己決定要當記者，只是一種現實考量的做法，只當作是支付租金、償還學貸的謀生方式。我讀大學的時候就知道自己滿會寫的，而寫作看起來也的確是我唯一幹得好的事，雖然跟某些人比起來，我寫作時必須窮思苦熬，而他們似乎一揮而就、輕鬆自然。我認識一位很厲害的作家，一邊打字還一邊吹口哨呢！但對我來說，寫作一直是安靜、絕望的艱苦勞動，有時候還會寫到哭出來，不過我總有辦法完成，而且大都能獲得好評。所以當時我在鞋店店員、殺魚工、信用分析師和看門警衛等臨時工作繞了一大圈之後，才決定進報社寫新聞。

我原先是想，先幹幾年記者，磨練寫作技巧，再來做點更偉大的事，例如進入法律界，像《梅岡城故事》（*To Kill a Mockingbird*）的阿提克斯．芬奇（Atticus Finch）為弱勢代言辯護；或者是像湯馬斯．默頓（Thomas Merton）當個隱士作家，或凱魯亞克那樣的流浪漢作家。

我對新聞，也就是正在發生的事其實沒多大興趣。我也不熱中搶獨家、發頭條，或者是報導那些最近發生的事故或災難。不過我是得從那些日常的新聞報導開始鍛鍊，往後才有機會去寫一些更具野心的文章。總之，我後來開始寫特稿，主編也覺得我對專題報導頗有一手。累積一些小小的肯定後，帶來更大的成功，讓我有機會跳槽到更大、更好的報社。原本只想暫時待一下就走的工作，最後變成一生的職業，這情況好像也滿常見的。這讓我想起蓋瑞·施耐德（Gary Snyder）的詩〈乾草餵馬〉（Hay for the Horses），講的是一個從十七歲開始當養馬工的老人。這詩的結尾是這樣的：「**開始的那一天，我以為／一輩子都幹這個真討厭。／結果咧！我這輩子／就幹這個。**」這首詩我貼在牆上好幾年，算是對自己的提醒也是警惕。不過我也這麼走過來啦，最後在報社待了二十幾年。

新聞報導對我來說，從來不是最適合的職業，不像某些人可以全副身心地投入。我在報社裡從來不曾感受到完全的自在，我提出的報導計畫常被批評不夠具體，工作速度不夠快，搶新聞的戰鬥力也太過散漫。不過這份工作也夠好，好到我不想辭職；我幹得也夠好，好到老闆不會開除我。它提供穩定的薪水，偶爾也帶來一些創作上的喜悅。

我就靠那些星星點點的愉快時光撐下去。當我專注在那些對我很重要的議題時，我就能寫出很棒的報導，獲得很大的迴響。愈是能和我的內心有所連結的議題，我寫得愈起勁。這個因果關係現在看來好像很明顯，彷彿就是個基礎事實，可惜我花了好多年時間才慢慢理解，把點連成了線。

「同樣的東西一直寫，你不嫌累嗎？」某位同事曾這麼問過我。他在報社時，年紀和職位大概都跟我差不多。他超級拚的，雖然我們同屬一家報社，但他把我看成是競爭對手。對於這一點，我完全無法理解。他說這話是為了諷刺我，說我黔驢技窮，只會一招。

他說的「同樣的東西」指的是種族議題。

我的報導的確很多都跟種族議題、少數族裔有關。我一開始博得好評的報導主題之一就是討論街頭幫派，這在一九八〇年代末期成為西雅圖的嚴重問題。我剛開始追蹤這個議題時，主要都是報導黑人孩子，報導常以非裔美國人為主角。幾年後，我逐漸脫離這個議題時，我注意的是亞裔和太平洋島民（主要是菲律賓人、越南人、柬埔寨人和薩摩亞人）年輕人的暴力幫派犯罪，某些東加人和斐濟人也混入其中，個個都非常兇悍。在整個一九九〇年代和二〇〇〇年代初期，我寫過無數文章報導這些社區。當時我看到所謂「模範少數族群」的陰暗面，在黃色旋風中面對一股黯黑陰風。

我專注在柬埔寨人的新聞時，認識了一位三十幾歲、住國宅的女士。她的黑白鄰居，甚至一些亞裔鄰居，都覺得她很孤僻，而且有點怪怪的，說她去搭公車或從公車站走回家時，有時候會自言自語。她的名字叫阿倫。這是她和她的治療師後來告訴我的：

當她還是小女孩時，有一天在金邊郊外，全家人被赤柬士兵押到農田，強迫他們自己挖坑，然後站成一排遭受掃射。子彈打完後，士兵用槍托擊殺她的家人，阿倫的胸口被刺刀狠戳。全家人倒在土坑中，就這樣就地掩埋。但阿倫僥倖活了下來，她從坑裡爬出來，連續走了好幾天才進入泰國。在邊界上又曾遭到士兵性侵。後來她輾轉被安置在幾個難民營，舉目無親地在陌生人之中過了好幾年，最後才到了美國，一開始在維吉尼亞州，後來又到了加州，現在住在華盛頓州。阿倫隻身一人，只和她的回憶一起活著。她曾在美甲沙龍工作過。

我報導過她和其他在波布政權大屠殺之下僥倖存活的柬埔寨人。他們雖然活下來，卻已傷痕累累。那些醜惡的傷口不容易被發現，許多人正忍受著從未癒合的創傷，有時候甚至連他們自己都不知道傷口的存在。他們瘋了。現在他們是美國公民，但就像經歷納粹大屠殺的猶太人那樣，仍然要繼續忍受那些難以想像的恐怖，而他們稱之為「家」的這個地方，卻對他們的痛苦幾乎一無所知。

我也寫過很多年關於美洲原住民的報導，對他們的狀況有深入的了解。事實上我也常常被誤認為是原住民。真的，從某種角度看過去，我們的長相一模一樣，其實美洲原住民就是渡過白令海峽的亞洲人後裔，就地質年代來說，這也不算太遙遠之前發生的事。

阿拉斯加和西伯利亞距離最近之處僅約八十八公里，既使是在阿拉斯加最西邊的數千名原住民，和亞裔仍是關係深厚。二〇〇四年我前往育空—卡斯科奎姆河三角洲，採訪一個尤皮克愛斯基摩村落，在海水不斷上升的今日，它即將遭到淹沒。尤皮克人依賴狩獵和捕魚維生，最早他們是從西伯利亞過來的。阿拉斯加的尤皮克人和白令海峽對岸的親戚一直擁有密切的文化關係。和美國本土其他四十八州的繁複人種相比，阿拉斯加尤皮克人反而比較像西伯利亞的尤皮克人。

我把美洲原住民的故事看成是自己的故事，當我讀到歐洲人到來之後幹了哪些好事，我真的感同身受。

我曾經到過派恩里奇印地安保護區，就站在傷膝澗，蘇族酋長斑鹿（美國大兵叫他「大腳」）和兩百多名部落兒童、婦女和男人慘遭第七騎兵隊射殺之處。那次屠殺的照片讓我想起小時候看過的美萊村大屠殺影像。

我坐在約瑟夫酋長的墓前，這位內茲珀斯人的偉大頭目被打敗後，倖存族人只能離開家園，被迫遷入遙遠的保留區。我曾經和一位約瑟夫的現存後代一起吃飯，他是脾氣火爆的塔茲．康納（Taz Conner）。他因為罹患糖尿病而截去雙腿，坐在輪椅上。他說他好想回到自己部落的祖靈之地，內茲珀斯人稱之為「彎水」。

「不知道我能不能看到這一天。」康納對我說：「我現在早該死三次了。糖尿病、腎功能衰竭，還有很多併發症。起先他們說我只能活十天，後來又說一個月。現在他們說：『你怎麼還活著？』這件事如果能在此生出現的話，最好要快。」

所以你可以說，我的確針對一件事寫了好多篇報導。但我認為這不僅僅是種族議題而已。我認為，這比較像是報導那些在主流視野之外掙扎的人，那些隱形人。他們一樣活在我們的日常生活之中，只是大家視而不見。他們可能就在你家隔壁，在超市的通道上推著推車，他們一輩子都不為人知，因為從來沒人說過他們的故事。就算有人說過，也只被當作是富有異國情調的外來者，只專注在歷史的陳年往事，而不是他們此時此地的遭遇和眼前境況。

我爸就是其中之一嘛。美國人才不管他到美國之前的生活是什麼樣子，就算是他的太太和孩子也因為太忙而無暇關注，不曾為他的種種經歷獻上敬意。

我現在就簡單說一下他的故事。他有七個兄弟姊妹，但其他六個都因為疾病和意外而夭折。他爸爸跑了，媽媽發瘋。她搭上一輛教會的車子，結果車子掉下懸崖。所以我爸實際上是自食其力長大的。日本人打過來的時候，他加入游擊隊抗暴，躲在民答那峨的山上差點餓死。他認識的很多朋友都在這裡消失蹤影。他得了瘧疾，有一名年輕女孩照顧他，後來那女孩在他面前慘遭強暴，他這輩子一直不斷地說他痛恨自己，沒能保護她。他那時候才十四歲啊。但直到老年，他都還為這樁經歷做噩夢。爸爸在美國是交過幾個朋友，但沒人真的了解他，因為他們也都不曉得他過去的經歷。

所以我當然也有我的目的。我自己這輩子感覺總像個隱形人，和我一起生活的那些人，比方說我爸，我們都有這種感覺；正因有過這樣的經歷，某種程度上這些經驗也能為我所用。後來我對那些隱形人的感受特別敏銳，也能理解。而為了讓他們被大家看見，就算只是週日版上的小小篇幅，也會成為我努力工作的目標。這當然還不是我年輕時幻想的偉大事業，只是一種日常工作的目標而已。一個藍領階級、按時打卡上下班的目標。那份工作不但讓我每天有個去處，也帶給我一些自身之外可以關心的事。這也算是無心插柳或說是個意外收穫吧，我因此培養出穩定自己內心的力量，這是我爸在這個巨人之國一直沒能找到的，對此我深感幸運。

還有一件事。我後來發現自己在不知不覺間採用了新身分，開始把自己看成一個文史工作者，發現災禍不但不趕快逃走，反而盡可能地逼近核心，記下重點，再把它寫出來。我意識到自己採用一種新的觀看方式，讓我更能理解華特·惠特曼（Walt Whitman）那句讓我深感興趣的話：**我很大，我容納了許多人**。不管我們自己知不知道，每個人都同時有很多身分。我是個亞裔啊，沒錯。但我也同時是個新聞記者、某人的丈夫、媽媽的兒子、哥哥、弟弟、好多人的朋友。雖然不確定有沒有上帝，還是會向耶穌禱告。偶爾很厭世，古怪而暴躁，很廢，也很笨。既是太平洋島民，也是個移民、美國公民、地球居民。

知道自己有這麼多身分，就不必把自我價值的重擔放在單一身分上。這就好像又多了好幾條腿嘛，光靠一隻腳站著可能會垮，現在有這麼多條腿就能讓我繼續向前。我的腳步更加堅定，更不容易被打趴，不會被打回那個悲情、自艾自憐的洞穴。以前我在那裡已經浪費太多時間啦。我已經有進步了，但接下來還有一大段路要走。頭頂上那個出口，現在看來也不再是那麼難以企及。我已經發現可以踏腳使力的地方，可以開始向上爬。

Chapter 12

"What Men Are Supposed to Do"

男人應該做的事

心鏡望出的
陌生老者
令我止步

——柿本人麻呂（Hitomaro）

我爸離世的時候滿懷歉意。一切的一切，他都覺得抱歉和遺憾。他還有很多事想做，還想證明自己。他留下好多資料，有許多待開展的商業計畫和清單，塞在抽屜裡、公事包、夾在書裡，好幾年都沒翻開過。他對我說，只要身體狀況許可，再多個五年，就可以把所有事情搞定。只要再五年，就能改變這一切，他不會再浪費那麼多時間在瑣事上。他要專注、認真，不分晝夜地祈禱，也許上帝最後會恩賜他年少輕狂時不明瞭的平靜。那名年輕人曾以為只有某種人才有資格獲得平靜和幸運。

這些嘮叨我早就聽過了。當他日漸衰弱、終至成為風中殘燭時，最後那幾個月的懺悔，只是他多年來一直想告訴我的心情濃縮版本：他不夠富有、教育程度不夠高、英文不夠流利，也不夠美國化。他貢獻得不夠多、人際關係不夠廣、專注力不足、意志力不足、欠缺紀律、欠缺毅力、欠缺力量，甚至欠缺男子氣概。他沒做好那些男人應該做的事。

我告訴他，到最後那些都沒關係，但他好像從沒把我的話聽進去。他會用探索的眼光看著我，好像在思考我的話似的，然後結束話題。「你不懂啊，孩子。」他會這麼說。他很早之前就做了決定。他是那種一旦選擇了自己的人生故事走向，就堅持到底的人，即便那選擇帶給他無盡的痛苦，也絕不改變。他有種承受不幸的天賦，他繼承這天賦，也將它傳承下去。

事情是這樣，就算我一開始只是在安慰他，我說的話也是我心中所想；尤其在他人生的最後十年，當他健康狀況愈來愈糟，而我的想法逐漸開闊時，我勸他的更是我所領悟的真心話。過去我對男子氣概的定義和他一樣，現在則有了很大的改變；這有一部分源自我自己的追尋，另一部分則是因為在生活中遇見的人，讓我的思考更加全面。想法有所改變，使我對爸爸的看法也跟著變了。

我在工作時遇見一個讓我印象深刻的人，他叫中尾湯姆（Tom Nakao），是四十幾歲的第三代日裔美國人。那時我正在寫一樁殺人案的報導，一名叫梅莉莎・費南德茲（Melissa Fernandes）的女孩遭到幫派份子殺害，而湯姆協助警方進行調查。我記得我和他在比肯山的一家撞球場碰面，那裡是西雅圖幫派的巢穴之一。

那天我先到了，在店後頭找了個位子坐下。那裡是間包廂，燈泡有一半已經燒壞不亮，裡面擺了兩張破爛球桌。天花板低低的，感覺好像熊的洞穴。房裡可以聞到老舊的合成皮味道，還有香菸和消毒藥水的氣味。旁邊桌子的塑膠邊翹起，上頭堆滿了捏扁的啤酒罐。有八、九個人在打撞球，其中幾個邊敲桿邊狠狠地瞪著我，有一個還把菸蒂彈在我椅子前。

湯姆走進來時，他們丟開球桿，張開雙手迎上去。他招呼了每一個人，互相交換了一些情報，還給好幾個人一個熊抱。

他個頭高大，肩寬腰闊，身上的舊外套繃得緊緊的。長長的黑髮框住胖胖的臉頰，金絲邊眼鏡架在高聳的鼻粱上。他走過來，把他的胖手搭在我肩膀上，然後對那些看著我們的年輕人說：「這一位沒問題。尊重一下。」沒過多久，之前惡狠狠瞪著我的男人遞給了我一罐啤酒。

湯姆是「幫派輔導師」，雖然他自己不這麼認為。他覺得自己更像是代理父親，代替已過世、落跑或只會虐待孩子的爸爸照顧這些年輕人。由於深入這些年輕人的生活，他也得以融入當地亞裔移民的社區，這是別人做不到的。他的工作是幫多所學校進行輔導工作，不過警方也愈來愈常找他協助。得知費南德茲遭到槍殺後，警方馬上找他幫忙。他打了幾個電話，走了幾個幫派地盤，幾個小時後，就知道涉案的幾名亞裔年輕人的身分。

我們在撞球店聊了九十分鐘，他告訴我那樁命案的許多內幕。後來我們有過好幾次談話，這是第一次，他以匿名身分來告訴我這些情報。他說開槍的那個人，只是故意裝大尾的十六歲小屁孩，他拿著槍對朋友炫耀，也想嚇唬圍觀的幫派對手。他根本不會用「MAC‧10」型衝鋒槍就往空中亂噴，結果一顆子彈擊中梅莉莎‧費南德茲。

「現在他要付出代價了。」他說：「後果，我總是跟他們說做事要考慮後果。現在他們知道我在說什麼了。他們現在可後悔啦，但後悔也不能讓梅莉莎死而復生。不過這些孩子其實都不壞，大多數都是好孩子，很聰明。他們只是陷在這個幫派遊戲裡。我們必須讓他們知道，這世界還有其他遊戲。」

湯姆說他在克里夫蘭城東區長大，也曾在類似狀況下被逮捕過。有位以前幹過警察的鄰居很關心他，才慢慢引導他離開喋血街頭。後來湯姆又回到學校把書念完，結婚後在中西部經商，二十幾年來過了不少好日子。他做了一些明智投資，讓他可以退休、平淡度日。後來他搬來西雅圖，想起過去那個幫助過他的警察，也決定投入自己的時間，讓年輕人可以看到另一種不同的人生方式。

接下來的幾年裡，湯姆在燈光昏暗的房間、遊樂場、後巷和撞球場幫我介紹好幾個一樣被稱為幫派輔導師的本地人：提姆．科多瓦（Tim Cordova）是創新教學的老師兼作家，主要輔導菲律賓裔年輕人；菲亞．法勒多哥（Fia Faletogo）是從加州搬來的大塊頭，專門輔導薩摩亞、夏威夷和東加的年輕人，有時候還不得不親手逮捕他們；羅恩．卡爾（Ron Carr）以前是靠比賽賺獎金的拳擊手，後來在芝加哥當社工，他利用拳擊練習讓非裔、越南和柬埔寨男孩懂得遵守紀律；溫斯洛．康凱歐（Winslow Khamkeo）專門輔導貧困弱勢，主要目標是生活在危險邊緣的東南亞年輕難民，所以也行蹤不定，很難取得聯繫。

這些人簡直像在戰場上工作，好幾個人身上的槍傷、刀傷都可以作證。他們賺的錢並不多，也從未得到公眾的認可。只要跟他們相處過一段時間，都會發現他們做這些事各有不同的動機。他們也不是什麼聖人，但他們都回應了某種超越社經地位與成就的召喚，投入大部分時間去照顧那些需要照顧的人。他們也都知道如何以一種男性的行動方式表達同情心：曝露在高風險之下，深入險境，以探險者、冒險家的姿態直接面對未知。

這讓我很困惑，為什麼我探索男子氣概這麼久，直到現在才發現這種更為開闊的男性道德視野？我很確定自己小時候就知道同情是什麼，也知道佛祖、穆罕默德和耶穌都讚賞這種美德，但那些都是聖人、完人、抽象的人，不是凡人做得到的神聖境界。身邊也沒人示範給我看，原來這種美德也能在日常生活中實踐，是我可以做到、也應該努力遵循的方式。

在過去的幾十年裡，也許身邊不是沒出現過這種人，只是我都沒看見，因為我陷在適應不良的狂亂之中，只看得到自己。而當我年紀愈大、心情愈平靜、生活穩定下來後，才讓我注意到一些微妙的現實：渴望行善的個人欲望也能塑造出完美的男性輪廓。我活到這把年紀才發現這個基本概念：去做好事，就是一個真正男人的標誌。

這樣的景象持續向外擴展。湯姆也是黃色旋風裡一股不太明顯的漩渦。他專門在陰暗之處施展自己的力量，不奢求被大家看見。我也開始欣賞其他一些更具體的慈悲力量展現。付出和奉獻可以化為創作繆思，讓大家在日常俗世中有所提升；音樂家、藝術家、工匠職人、設計師、以各種媒介說故事的人和科技界的奇才都屬於這一類。它能化為宗教信仰，讓善男信女放棄一切去照顧困苦艱難的人。它也能化為我們的良心。

二〇〇七年，我報導過娃娃臉陸軍中尉和多田艾倫（Ehren Watada）的故事，他是美國第一個公開拒絕在伊拉克部署軍隊的現役軍官。「如果我們必須保衛國家，我會第一個拿槍上戰場。」他對我說：「但我不會參加一場我認定是犯罪的戰爭。」來自夏威夷的亞裔美國人和多田，向軍方要求改派他去阿富汗，但軍方祭以軍法審判。我在和多田的狹小起居室中，看著他收拾裝備，懷疑自己能否像他那樣捍衛自己的善惡價值與良知。

除此之外，也有許多簽支票捐錢的奉獻者。二〇一三年《紐約時報》某天的頭條新聞，提到新興的亞裔富裕階級對知名大學的大筆捐獻，例如：紐約慈善家安東尼・王（Anthony

Wang）和他太太周克璐捐贈母校威斯利學院（Wellesley College）兩千五百萬美元；華裔唐騮千捐贈兩千五百萬美元給菲利普斯學院（Phillips Academy Andover）；雅虎創辦人楊致遠捐給史丹佛大學七千五百萬美元，而這只是他對母校的多筆捐贈之一。這似乎是美國亞裔故事的新篇章。祖輩先人從亞洲飄洋過海，在此落地生根、開枝散葉，如今子孫後代也不吝給出許多鼓勵他人跨越自身邊界的理由。

這一切都在我腦中形成一個猶在演化的方程式。和多田艾倫、中尾湯姆、楊致遠都擴展了我定義男性氣概的範圍。也許我不需要刻意對抗美國政府，也能站出來捍衛某些東西；也許我沒辦法像中尾湯姆那樣奉獻那麼多情感卻又如此謙虛；也不會像楊致遠那麼慷慨大方，但我還是可以成為某種程度的奉獻者。

我爸爸奉獻給我的，比他自己知道的還多。

我離家後的許多年來，都盡可能地想和我爸不一樣。當他往這個方向走，我就一定會調頭往相反方向前進，盡可能遠離，希望有朝一日能在對向面對他。但是在追尋自己要成為什麼樣的男人、能成為什麼樣的男人時，最後卻變成詩人艾略特（T. S. Eliot）所說：我漫長探索的終點，就是回到自己出發的原點。

我變得跟我爸愈來愈像，這要歸功於生物學的貢獻。他的個性和我的一模一樣，天生就是憂鬱少年的料。我們的自大成對，虛榮成雙。我們有同樣的惡習，包括偶爾爛醉和出乎意料地好色。我繼承了他心底的溫柔，也偷偷對它的存在感到尷尬。我的手和他的完全一樣，連靜脈分布的樣子都相同。我在他的照片中看到自己的臉部線條。在家庭錄影帶上，我毫不費力就模仿出他的行為舉止。我的講話方式，就連談話中停頓的樣子，都彷彿能聽見他的聲音。我們微笑時都歪著嘴，被同樣的事物戳中笑點；碰上那些不好笑的笑話時，也同樣會呵呵地假笑。

我希望自己可以和他一樣勇敢。這不是一時的血氣勇猛，不是那種別人推你一下，你敢把他推回去的悍勇；而是一種深沉而莊嚴的勇敢，敢在中年拋下自己熟悉的一切，遠渡重洋到一片陌生土地重新開始，即使自己沒有足夠時間學會用另一種語言流利地說話、沒辦法適應陌生的文化，甚至失去能應付一切的能力與自信。但是他承擔了那樣的風險，讓他的孩子們學會流暢表達，感受到自己擁有的能力和前景。

我希望自己可以像他一樣有趣。我們幾個兄弟姊妹都記得爸爸會在週日早上用騷癢和親吻叫醒我們，用他很好笑的男中音吼叫似地耍寶。我也會用同樣的方式耍寶，他的低沉嗓音我也唱得出來。

我知道自己和他一樣愛作夢。他是一流的夢想家，就是**他的**夢想將我們全家帶到美國。我媽曾說，他幹得最好的一件事就是作夢。當她生他的氣時（這常發生），就罵他**光會**作夢，什麼也不會。但他好像從來都不了解，我們大多數人一生中都得不斷調整自己的夢想，某些最夢幻的期盼到最後也不得不放棄。這一點我一定要好好地記住，因為我也會猶豫再三，忘記某些時刻就該放手。

我也想和他一樣慷慨，不過不是那種他偶爾會展現的瘋狂程度，他不但願意施捨自己的最後一塊錢，甚至連太太和孩子的錢也會毫不吝惜地捐出去。如果真的有人開口來要，他大概會連我們的房子都送人。他好像從未想過後果如何。他一再出現的模式是：緊緊抓牢某些東西，然後突然像水壩洩洪一樣，全部放手。不只是金錢財物，他的內心也是如此。一旦有人問他問題，他會噼哩叭啦地全部倒出來。這種毫不保留的坦白，讓大家目瞪口呆。這一點，他好像管不住自己。我也經常如此。

他有一種慷慨是我想模仿的。和他在一起時，最美好的回憶就是我們一起幹些無聊的小事，像是採野莓、走了十條街只為了去五金店，或者是熬夜綁魚鉤。我們在一起做這些事的時候，不必多說什麼，也總能感覺彼此間的某種聯繫。我們去釣魚時就是如此，有時什麼也沒釣到，但感覺一樣美好。他很珍惜這些和我待在一起的時光，我也想這樣和我女兒相處。

我有一個已經上大學的女兒，另一個則還在上中學。最近某個平凡的日子，我先和大女兒去了一家歐式日本咖啡館，兩人邊吃天婦羅烏龍麵邊聊她的社會學課程。她最近正在學「媒體中的性別建構」，幸虧我還聽得懂她在說什麼。

之後沒多久我帶著小女兒去「三一冰淇淋」買棉花糖冰淇淋，然後帶狗去空地玩我丟你撿，讓牠跑來跑去玩了半小時。我們邊丟出棍子邊聊《陰屍路》，我們兩個都很愛這部影集，妙吧。那片空地就在舞蹈教室後面，她們兩個都是街舞隊成員，都在那邊練舞。下午晚一點的時候，我就會開車載她們過來練舞。我們在車裡聊到最近要在溫哥華舉行的比賽。她們倆都非常興奮，我在旁邊聽著。晚餐時，我們又提到去溫哥華要準備些什麼，然後她們跳了一些新舞步給我看。我也示範了一些八〇年代的老舞步，她們看得臉上三條線，然後哈哈大笑。就是這樣。我們一整天就做這些，非常美好。

我沒辦法常帶她們出國渡假，也沒辦法送她們一大堆昂貴的禮物。我也沒有什麼特殊才能，可以讓她們向朋友吹噓。我工作太忙，常常不在她們身邊，還常自己一個人悶頭胡思亂想。儘管如此，我的女兒好像都很喜歡和我在一起。她們和我在一起時，覺得很輕鬆、很自在。她們常常笑，偶爾會哭，有時候會撒嬌，或是告訴我一些別人不覺得有趣的荒謬故事。我們什麼都可以談，也什麼都說。她們在我面前可以放心地展現自己，我知道她們知道我可以接受她們的全部。偶爾她們會說愛我。

我對我爸就是這種感覺。

有一次我打開他的骨灰罈，它就放在我家飯廳的櫥櫃裡，每天都會看到。本來只是暫時放置在那裡，我原先計畫帶他回民答那峨（Mindanao），撒在他出生的村落附近，結果那裡正陷入長期動亂。骨灰罐中有一個透明的夾鍊袋，裡面裝著我爸爸的骨灰，比裝三明治的塑膠袋稍微大一點點而已。我拉開袋子，冒出一點點灰。有一天，也許我的骨灰也會擺在某個壁爐架上面，我女兒偶爾會停下來看著能證明我曾經存在過的一切痕跡。那時她們也許會想，就像我現在所想的，無論我們在世時做或沒做什麼，到最後都只會剩下那麼一點點，剛好能裝在一個三明治袋裡。

作為一個男人，我爸認為他失敗了。那些我試著讓自己接受的想法，他大概不會接受吧：他其實也是個男人嘛，跟大多數男人沒兩樣。擔心害怕、徒勞無功、嚴重缺陷、無休止地盼望又長期焦慮。他彷彿出生在天堂樂園之外，總是懷疑自己不配過上好日子。

在他過世後，我比他生前更常想起他。我想起他皮包骨、只剩一口氣的那幾個月，我和他的最後幾次談話，其實他那時已經聽不到我的聲音了。但我還是想告訴他，他生活的環境和他那些感覺，很多都不是他的錯。Bahala na. Mahal kita. 人生如此。我愛你。他已經盡力了。那些真正重要的事，他做的已經夠了。

Chapter 13

"One of Us, Not One of Us"

「我們的一份子；不是我們的一份子」

問答乃未已
驅兒羅酒漿

——杜甫

「那個男的是誰？」我無意間聽到一名戴著白色Nike鴨舌帽的年輕女孩對她的男伴說，站在一旁的是一名戴著相同帽子的年輕白人男子。他們站在球場邊盯著雙方人馬來來去去，我就站在他們後面，看著那對白帽子左晃右晃，晃了半小時。「親愛的，你有聽到我說的話嗎？他是誰啊？」她問。他一直盯著球場，看完比賽後才回答。

「我不記得他的名字，但我和他打過球。」他說：「我知道那個人。很厲害。我記得是韓國人。」

那對男女就在我任教的奧勒岡大學的體育

館，和一些人圍觀幾個年輕人臨時湊隊打的籃球賽。這只是尋常的週末比賽，場上跑來跑去的都是一些高中畢業就走下坡，或自以為是高手的球員，會亂射一些只有聖母瑪麗亞保佑才會進籃的超遠高拋球。不過裡面的確有人打得不錯，最厲害的就是那個李亞倫，圍觀人群都在竊竊私語討論他。

「快看！快看……」場邊有個年輕人對他朋友說，身體前傾注視著場內。這時罰球區外的球傳到亞倫手上。他接到球，閃過對方後衛，大跨兩步一躍而起，輕輕鬆鬆地灌籃！整套動作一氣呵成，流暢無比。

對方後衛大笑起來，拍著手稍稍致意。「好厲害啊！」戴Nike帽的女孩對她的男伴說，他站著吹出響亮口哨。「以前沒看過吧！」他說。場邊年輕人一陣歡呼雀躍。「別臭屁啦！亞倫。」體育館後方有人喊著。

亞倫從容地笑了笑，又在場上跑起來。這只是某個平凡夜晚的一場尋常對抗賽而已。每週一晚上八點半，他都會在這裡。除非有籃球校隊的球員在場，不然亞倫會是場上最厲害的球員。他身材高大，肌肉發達。他大一時就入選足球校隊，全國排名數一數二的奧勒岡鴨隊，擔任大家都很看好的外接手。和很多年輕的亞裔美國人一樣，他那副好身材是頂級牛肉和馬鈴薯餵出來的——不過他大概也吃了不少韓國泡菜和米飯吧——和他矮小的移民爸媽相比，就像大樹一樣高。

「大家都說亞洲人不會打球啊。」他後來對我說：「我就想證明他們錯了。**把球給我。**」

後來我慢慢了解他，發現他那種態度不只表現在籃球和足球場上。他離開球場後還是那個樣子，並非神氣活現裝模作樣，而是低調地展現出溫和的自信。就算沒人盯著他看，他眼裡也閃爍著樂觀的光芒。

但他畢竟還年輕，和其他二十歲的年輕人一樣，對未來要從事什麼工作、現在決定要主修什麼科目而感到焦慮。不過他已經把範圍縮小到商業和教育，這週他傾向主修教育。「教小學很好玩。」他告訴我：「我喜歡小孩子，他們都願意接納你。我覺得我會是個好老師。」他的焦慮偶爾才會浮現，大多數時間則透出一股鎮定，好像他打從心底知道自己不管選擇哪條路，最後都能走出一片天地。他一定會很好的。這種樂觀雖然不知從何而來，李亞倫自己也不知道，我只能猜測是來自：家庭、信仰、遺傳、幸運，或者上述所有一切的協調運作。

他家住在綠草如茵的郊區，在美國的親戚也都上附近同一個教會。他媽媽開了一家托兒所，很喜歡這份工作；爸爸則從事郵政工作多年。家裡的孩子都既會讀書又愛運動，而且無疑都能讀完大學，以後成為對社會有所貢獻的好公民。一家人都堅強有韌性，在社區中站穩扎根。亞倫的樂觀有一部分來自於這樣的意識，雖然他並不自覺：在這片他們稱之為「家」的土地上，在這文化之中他擁有一席之地。

像李亞倫這種鎮定沉著、社交活絡又身強體壯的亞裔年輕人，在我家剛到美國時的一九六〇年代是很難找到的。當時在美國的亞洲人還不到一百萬，而且彼此極為分散。人數可能也不算少啦，不過我家在東西兩岸來來回回，卻沒遇過幾個。現在美國有一千八百萬亞裔人口（加拿大也有五百萬人），其中三分之一都在北美地區出生。從這些數字就能看出我家來美國之後的種種社會變化，現在你在美國的任何一所大學，不必費太大力氣就能找到像李亞倫這樣的優秀亞裔。

奧勒岡大學可以說是全美的縮影，兩萬五千個學生裡約有五%是亞裔（跟全美比例一樣）。你在校園的任何角落都會看到他們。漫步在貫穿校園的第十三大道，你會發現不同性別、不同族群和不同種族的學生，都能輕鬆自在地聚在一起。你會看見亞裔女性與不同膚色的男性並肩而行，亞裔男性身邊也會出現黑黃棕白、高矮胖瘦的各種樣貌女性。

在過去幾年來，我也注意到亞洲女性身邊的亞洲男性愈來愈多。我無法確定這是不是新趨勢，但最近的研究顯示，它可能是個現象開端。研究人員發現，大約從二〇一〇年以來，美國亞裔彼此戀愛、結婚的情況愈來愈多。也許是因為亞裔人口成長，大量適婚青年男女很容易有所接觸。選擇的對象增加，機會也變大。我認為這種趨勢顯示，年輕的一代更能接受自己、對自己有所認同。要是蕾妮和我現在才在大學裡認識，說不定我們就有機會囉。

每週二、週四早上，你會在坎培爾教學大樓外面看到喬許．華渥維（Josh Volvovic）——穿著運動長褲、白色T恤，戴著黑色棉帽和耳機——正鎖上腳踏車，準備進全校最高的教學大樓上課。他是菲裔美國人，主修政治學與新聞的大四學生，擁有「ΦBK」資優榮譽，學業平均成績（GPA）三．七五的高材生。他熱愛運動，有一副像在健身房練出來的壯碩體格。他那對表情豐富的大眼睛和萬人迷似的微笑，讓他暑假去紐約NBC電視台「今日秀」節目（*Today Show*）實習時一帆風順。那時他週間每天早上都去洛克菲勒中心工作。**是洛克菲勒中心啊！**NBC電視台叫他畢業後再回去工作，但喬許準備進法學院繼續深造。他申請了三家學校，全都被錄取。我是他的推薦人之一。

有時候，我看著他會想著：真是前程無可限量啊。這是新時代的亞裔美國人。他可以去任何地方，做任何事。這世界是他可以任意摘取的花朵。就像看穿我的想法似的，他最近告訴我：「我知道我有很多機會和可能性，但我一直提醒自己，要踏實理性地思考對未來的期許。」他可能也在暗示我，對自己的期許要合乎理性判斷。我們談得愈多，我也就愈熟悉他那種以謙虛思維面對挑戰的習慣。他才二十一歲，對於別人在他身上看到的巨大潛力，他仍小心應對。

在週一和週三早上，喬許騎腳踏車穿越校園前往的艾倫大樓，也是普拉百．紐喬伊

（Prapat Nujoy）研習公關課程的地方。我認識的大四學生，成長背景都沒有普拉百精彩：一半泰裔、一半華裔；出生在潮濕的休士頓，爸媽是第一代移民；以前在阿拉斯加苦寒的基奈半島是高中足球校隊；在阿拉斯加大學拿到音樂表演學士學位，現在正在奧勒岡大學努力拿下他的第二個學位。他在大學的爵士樂隊和軍樂隊裡吹奏低音伸縮喇叭。作為真正的美國人，他也喜歡把玩槍支。最近他買了一支魯格（Ruger）四十口徑的手槍，下午會去「巴倫窟射擊場」打靶練準頭。

每次在艾倫大樓看到他，他通常都正要去上課或進行採訪，手上帶著攝影機。他雖然身高一九〇公分、體重一百公斤，卻像隻嗡嗡嗡快速飛動的小蚊子。他語速很快，走路也很快，來去一陣風。他的個性非常正面、積極、樂觀。「抱持負面想法有什麼意思呢？浪費時間嘛！」他告訴我：「不必擔心這個、那個的，不如用這些力氣去**做點**什麼。積極面對、主動出擊！」目前普拉百正積極尋找底特律紅翼隊（Detroit Redwings）的公關工作；曲棍球也是他的興趣。

亞倫、喬許、普拉百。韓裔、菲裔和華泰混血。他們都是移民之子。對未來各有不同的期許，也都以美國人的方式投入全副心神。

但是。這裡還有一個我不能忽略的「但是」。這些年輕人的處境雖然比前幾代人順利，但也好不到哪裡去。他們身處在中間的過渡狀態，已經有些歸屬感，但又還不**完全**屬於這裡。這也許是因為族群人數還是相當稀少的緣故，百分之五實在不多啊。還是有很多白人和黑人把亞裔當成外國人，是**外來者**，彷彿他們身上還殘留著一絲「他者」的成分。不管原因是什麼，當我深入了解這些年輕人，我發現他們一直表現出某種還未進入某種核心集團的感覺。這種感覺就像在說：沒錯，他們被允許進入這幢房子，但還不能進到裡面最神聖的房間。我們接受他們的「美國人」身分，但也許他們還不像其他人**那麼**「美國」。也就是，他們還不完全算是「我們」的一份子。

對此，他們每個人都有自己的故事，亞倫對我說過一些。

第一個故事發生在大一，大家在宿舍交誼廳閒聊。學生們喝酒聊天，大部分都是白人。眾人的話題轉向性和誰跟誰正在約會，誰又**想**追誰。接著又談到學校男生裡誰最受歡迎，誰最**紅**？那些女孩就開始唱名，大部分都是白人，也有幾個黑人。

「那亞裔呢？亞裔有沒有猛男？」某個女孩問。

「**沒有**亞裔猛男這種東西好嗎！」另一個女孩開玩笑地說。

大家一陣哄堂大笑。發表評論的女孩這時才注意到亞倫。在滿屋子尷尬的沉默中，她假裝驚訝地說：「除了你之外。」不算高明的掩飾。亞倫也笑了，但他已經接收到那則訊息。

大多數的亞裔男性都會持續收到那則訊息，只是說法不一而已。狀況的確有所改變，未來也許會更好，亞裔男性不再像過去那樣到處吃閉門羹；但整體來說，他們在性與愛上還是不能和其他族裔的男性比肩並立。喬許和我說，他對白人女性沒有浪漫的幻想，而她們卻是目前校園中的最多數。他前任女友是美洲原住民。普拉百說他根本就「沒有」約會過。他試過網路約會，但沒人認真看待他的邀約。

第二個故事發生在大三時的足球訓練。亞倫是隊上的外接手，位置通常距離其他球員很遠。某一局結束後，他是最後一個跑回四分衛旁邊的，教練正在宣布下一局的作戰指示。其中一位教練正思考著隊形排列，他說亞倫站錯了位置。「退到線外！」教練大喊。哪條線啊？亞倫因為晚到而沒聽到前面的指示，所以聽不懂教練在說什麼。教練走到他面前，「退到線外去！」他大吼：「**美式**足球是我們美國人玩的，懂了嗎？」

訓練結束後幾位隊友過來安慰亞倫，隊上的明星跑衛肯揚．巴納（Kenjon Barner）也說：「別理他！」但後來亞倫還是受到影響，他禁不住地想了很多。他就在華盛頓州的塔科馬出生，在那些購物商場和麥當勞林立的郊區長大；高中四年都為第開特短吻鱷隊灌籃奪下好成績；他向美國國旗宣誓效忠；每週日向耶穌禱告；收看電視上西雅圖海鷹隊的比賽。他和大家一樣就是個美國人啊！不是嗎？

二〇一一年春天，加州大學洛杉磯分校的金髮學生雅莉珊德拉．華勒絲（Alexandra Wallace）在YouTube上貼了一支三分鐘的影片，抱怨學校裡的「亞裔族群」。她對他們非常火大。在圖書館裡，「我正忙著打字，」她說：「然後突然間，不知道是從這裡還是哪裡，我好像聽到什麼在顯靈：『喔——青蔥、玲瓏、叮咚？**喔喔喔喔喔——**』」發布後幾個小時，華勒絲的影片就在網上瘋傳，吸引了一百多萬人次的觀看。某位部落客在《洛杉磯週刊》（*LA Weekly*）上說她是「一夜名人」。她那些批評最後把自己逼出了加州大學洛杉磯分校。其實那種話多年來我沒少聽過，通常都是私底下說說而已。今年我在奧勒岡大學的餐廳裡，就聽過旁邊的白人學生抱怨亞裔「入侵」了校園。只有外國人才能「入侵」好嗎。

亞倫也遭遇過這種對待。不過就算是碰到這些令人卻步的事，也從不曾讓他意志消沉。那個在宿舍批評亞裔男性的女孩，後來和他成為朋友；他後來也原諒那位足球教練了；被說成是「入侵」校園的一份子，他一笑置之。以他的年紀來說，他比我還能應付這些狀況，把糟糕的經驗拋諸腦後——有時甚至還會替那些白人、黑人的所作所為解釋：「他們只是還不習慣看到亞洲人，如此而已。」

也許是成長教養環境的不同，或性格上的差異，即使面對同一件事，我們也會採取相異的解決方式。他是「杯子還有半杯水」的那種人。這讓我不禁開始思索，亞倫（還有喬許和普拉百）在調整自我情緒上更有彈性，是否和整體美國環境的改變相關。雖然有時還是會感受到一點懷疑和敵意，亞裔族群也仍相對稀少，亞裔女性還是遭到物化，亞裔男性仍然被貶低；但不可否認的是，現在的美國整體上比以前更友善。

在亞倫出生長大的普吉特海灣地區，亞裔醫生、律師、教師、牧師、警察和企業家比我家還住在那邊時要多得多。從塔科馬到艾弗雷特，整個鄰近區域都是亞裔移民的第一代、第二代或第三代。亞倫一歲時，菲律賓裔的薇瑪・維若妮亞（Velma Veloria）當選華盛頓州第一位女性議員。華裔的駱家輝擔任州長時，他五歲。日本人鈴木一朗像搖滾巨星一樣火紅時，他才九歲。

亞倫上網、看電視就能看到亞裔人士在全國舞台上的好成績。他讀小學時，華裔的關穎珊是全美最厲害的花式滑冰選手之一；趙牡丹在全美各地表演諷刺幽默的脫口秀；從台灣來的雅虎創辦人楊致遠，是美國最年輕也最富有的創新者之一；有一半泰裔血統的老虎・伍茲（Tiger Woods）也正起步，最後成為全世界頂尖的高爾夫球好手。伍茲說他還有一部分荷蘭、非裔和美洲原住民血統，所以他說他的族群背景是「Cablinasian」，由高加索（Ca）、黑人（bl）、印地安（in）和亞裔（asian）的字首合併而成。

華裔的趙小蘭擔任美國勞工部長時，亞倫十歲。同年，中國籃球員姚明在美國職籃打出一片天，俠客・歐尼爾（Shaquille O'Neal）和德克・諾威斯基（Dirk Nowitzki）與之相比全都矮了一截。他十四歲時，電視影集《LOST檔案》的韓裔演員金大賢被《時人》雜誌評選為最性感的男人之一，當時還有另一個韓裔的權律（Yul Kwon）在真人實境秀節目「我要活下去」（*Survivor*）的庫克群島單元中獲勝。這個節目頗具爭議的一項特色，是把參賽隊伍依種族或部落來分類，讓黑人、白人、亞裔和西班牙裔相互對抗。想爭取勝利不但需要肌肉，也需要大腦。身材高大、肌肉虬結，而且又是耶魯畢業的律師權律獲勝後，他對記者說參加比賽的動機，就是想打破亞裔「宅男書呆子兼怪胎」的刻板印象。某位評論人送了個新稱號給他：「**讓人怦然心動的聰明小子**（smartthrob）」。

當駱家輝與另外兩名亞裔——朱棣文（諾貝爾物理獎得主）和新關（Eric Shinseki；四星上將）——加入歐巴馬內閣時，亞倫十六歲。等到他十八歲時，這位家喻戶曉、土生土長的駱家輝離開內閣職位，成為美國第一位華裔背景的駐華大使。亞倫十九歲，在高中校隊猛秀灌籃時，林書豪在紐約尼克隊轟動一時，後來又以三年兩千五百萬美元的高價簽約加入休士頓火箭隊。花兩千五百萬美元聘請土生土長的亞裔男打籃球耶！

我不得不認為，看到那些和自己長相相似的人做出好成績，刺激了亞倫的潛能萌芽，這股在西方環境中擴張的東方勢力，帶給亞倫不少助力。

亞倫在奧勒岡大學可以和幾百位從中國、韓國、日本、印度和越南來的國際學生交流，他們週間下午會聚集在社團大樓底下的休憩撞球場。他在校園裡的任何一家書報攤，都能找到中英雙語版的《華風》雜誌；他走進喬丹．施尼澤博物館（Jordan Schnitzer Museum），就會看到吳哥王朝宏偉的建築遺跡和佛光普照的泰國佛像；他走進葛林傑大樓新設立的全球中國研究孔子學院總部，就可以申請參加該會協辦的交流計畫，和上海的華東師範大學進行交流；他只要搭一小段公車去蘭郡展覽中心，就能參觀每年一度的亞洲慶典節目，他在那裡可以打打太極拳啦、看看壽司製作示範啦，或欣賞峇里島的傳統舞蹈表演「大黃蜂舞」（tambulilingan），這是描述大黃蜂採花蜜的愛情故事。

就算在白人壓倒性多數（占八十九%）的奧勒岡，都能處處發現亞洲元素。如果能在這種環境中長大，我很懷疑我還會不會覺得自己像是外來者。

我前一陣子去市區的梅西百貨，發現一幅有整面牆那麼大的Levi's五〇八窄管牛仔褲的海報。那個展示五〇八牛仔褲的方下巴亞裔，雙手輕鬆地擺在兩側，兩腿微張站立，兩隻眼睛毫不畏縮地看著**我**。我在三個州三家不同的百貨公司都碰過這個方下巴。最近某個下午，我從一家百貨公司離開，去參加我女兒的中學家長會。我發現她的學校裡，和族群元素相關的社團只有摺紙社和韓風社；沒有愛爾蘭、義大利或德國社團，也沒有沙烏地阿拉伯、墨西哥或索馬利亞社團。有人跟我說，韓風社現在很流行，很多人加入，社團活動也很活躍。

我打開有線電視，可以看到全天候二十四小時的菲律賓頻道。日本、中國、韓國、越南和南亞都有專門頻道。我的有線電視還提供一套「美國亞裔電影」的點播服務。其中有部《高先生到華盛頓》（*Mr. Cao Goes to Washington*）講的是越南移民高光映的真實故事。他是共和黨籍的律師，竟然能在二〇〇九年於民主黨黑人占多數的紐奧良當選國會議員。回想合勝和李小龍那時代，這還真是一條漫漫長路啊！

看完亞倫那場體育館球賽後六個月，我在瑪瑙巷的小酒館外面遇到他。那時氣溫大概三十幾度，他穿著短褲、背心，我覺得自己好像碰上一堵牆似的。我已經忘了他的肩膀是那麼寬闊，手臂和雙腿的肌肉是那麼發達。他每天都跟足球隊一起鍛鍊，喝高蛋白奶昔，並且加強舉重訓練。他笑著說，暑訓啊。那是謙虛而抱持敬意的微笑。

我們進酒館聊了一會兒。

他點了一大盤雞柳和薯條，我感覺他只用了二十秒就整盤嗑光。他邊吃邊說話，但沒忘記用手遮著嘴巴。我們談到他的夏季課程，閒聊了一下七月的尤金市有多無聊。他的週末計畫只有參觀新教會這一項。過幾週，他要開車回華盛頓州和女朋友見面，她也是個漂亮的韓裔女孩，兩人相識已久。「這是唯一值得期待的事情喔！」他說。

也許我們之間輕鬆自在的友誼，和他臉上那種溫和而開放的態度，在過去一年來影響著我。那一刻，他的臉看起來非常完美。雖然純真，但強大無比。當然還是很異國，但異國有什麼不好？和尋常所見的大多數人相比就是特別嘛。如果我能幫我不存在的兒子設計一張臉的話，我就會設計成這個模樣。一張亞洲人的臉。但和我幾十年前在鏡中看到的那張臉，那張因輪廓長得和其他人不一樣而感到羞愧的臉不同；和那張我花了好幾年時間夾曬衣夾、貼膠帶想要改變的那張臉不同。

我很想告訴他，我以前睡覺時夾曬衣夾的蠢事，但想了想還是沒說。我又何必提那些陳年舊事，把這個孩子也拖下水呢？那個我想像中的巨大黑洞，吞噬了許多世代，而我這一生費了漫長的時間掙扎逃出，他大概無法想像吧。他的孩子和孫子大概永遠也不會知道，曾經有這麼個黑洞存在過。就算他們知道，那也已是歷史了，我也只是歷史的殘餘物。

Chapter 14

Big Little Fighter

偉大的小戰士

我們是自己的記憶，
我們是那個形狀不停變化的幻想博物館，
是那堆破碎的鏡子。
——波赫士（Jorge Luis Borges）

最近我有機會重返宿霧，前往麥克坦島，麥哲倫曾在那裡開展他的故事，也在那結束了自己的人生。距離我第一次回去，又過了幾十年。在這麼漫長的歲月裡，世界已經翻轉了軌道，許多變化迅速到來。我長期以來使用的觀察方式已經過時，還經常懷疑自己是否浪費太多時間在追求幻象。

種族啦、男子氣概啦，這些東西在二十一世紀到底有什麼意義？像「男子氣概」、「大男人」這些詞彙說出來都覺得諷刺，這些觀念好像也已經過時了。「種族」這個概念也分裂成許多方向，各自導向自己的昏暗迷宮。那樣一個簡單字眼，就算兩個人在討論中使用相同詞彙，可能彼此也不知道對方在說什麼。像那樣的討論我聽過很多，也多次親身參與。這樣的交鋒常只是言語的爭執和閃躲，不能算是討論。

近幾年來，我常往西邊跑，跨越太平洋，在東方降落。我想盡辦法找各種藉口和理由往東方跑。長久以來，我做的事總帶著一點不為人知的內在動機，到現在幾乎已經成了習慣。麥克坦位置偏僻，只能透過路過附近的機會，才能順道前往。近期我剛好獲得一份新聞基金補助，讓我能回到馬尼拉，從那裡飛到宿霧只要四十五分鐘。我逮到這個機會馬上出發，那一天跟多年前第一次前往時差不了多少，又黏又熱，一片霧濛濛，遠方地平線模糊得像是海市蜃樓。

宿霧仍人滿為患，比我記憶中的人還多，多到簡直要滿出來了。彎彎曲曲的道路好像擠進更多的小店、攤販和無所事事的人。這些沒事幹的人通常是男的，只站在路上，什麼事也沒做。如果你問他們，他們可能會說：「Walang trabaho！沒工作啊！」像這樣無所事事的人愈來愈多，路上成群結隊的乞丐也愈來愈絕望。居民搭起路邊違章，硬紙板蓋著破鐵皮，釘上幾根撿來的鐵釘，用繩子綁一綁，就是蜷居於此的頑強希望。這樣的破違章也慢慢變成城市，但就像乾燥的泥土般脆弱。颱風豪雨一到，屋子就被沖走，居民流離失所；二〇一三年十一月海燕颱風來襲，附近幾個島都災情嚴重。

這是另一個亞洲。當中國和其他幾隻「小老虎」陸續締造經濟奇蹟，西方人也就愈來愈少聽到另一個亞洲的消息。然而有幾百萬、甚至上千萬的人還在生死線上掙扎。我在計程車後座愈看愈沮喪，最後又回到旅館，躲在自己的房間喝悶酒。這就是我回到宿霧的第一天。

第二天，我專注在臉孔上。觀看臉孔很簡單。專注在那一張張的臉上，讓自己的視野縮小，不會再迷失於無邊無際的沮喪之中。那些臉讓我躲開自己的思慮，告訴自己需要知道些什麼。突然，我開始注意到那些廣告招牌、商店展示和宣傳單上的人臉，這和那些每天看到它們的人臉一模一樣。全都是帶著金黃色澤的棕色臉孔，亞洲人的臉。對我來說，觀看與被觀看的臉一模一樣，這感覺倒是挺新鮮的。

我記得第一次回來時，看到李察・吉爾和茱莉亞・羅勃茲（Julia Roberts）微笑的巨大電影看板。他們和某些白人臉孔占據著公共廣場，彷彿這個國家某程度上還是西方的海外據點。

現在我走過那些熟悉的街道，最常看到的是曼尼的臉。在這個國家根本不必提到他的姓，只要說曼尼就夠了。曼尼・巴喬（Manny Pacquiao）是菲律賓最有名的人物，說不定也是有史以來最有名的菲律賓人。他在體育界不但是亞洲最厲害的職業拳擊手，也是全世界頂尖職業拳手之一。他的名字足以和歷史上那些偉大拳手比肩並立，像是亨利・阿姆斯壯（Henry Armstrong）、舒格雷・羅賓森（Sugar Ray Robinson），還有拳王阿里。菲律賓人對他的熱愛不能說是興趣，簡直就是宗教崇拜般的狂熱。

在全世界許多貧窮地區中，你仍能從戰士的人格表現輕易地找到男子氣概的蹤跡。對那些發展中國家的弱勢族群、現實生活天天提醒自身渺小的人來說，曼尼的吸引力就在於他能超越體型限制的能耐。在他攀登頂峰的那十年裡，不論面對大、小體型的對手，他都能一樣從容自如地擊敗他們。他一再證明古老格言正確無誤：個子愈大就摔得愈重。曼尼從蠅量級開始打，後來總共打過八個量級，而且擊敗所有對手。二〇〇八年十二月，他甚至在勝算極低的情況下，打敗著名的美國拳手奧斯卡・德拉霍亞（Oscar De La Hoya），讓他投降認輸，後來宣布退休。

那時候HBO電視台的轉播員說：

「現在巴喬是全世界最厲害的小戰士。」

「**小戰士**?!他今晚看起來很高大！」

「**偉大**的小戰士！」

他比賽的時候，菲律賓全國停擺：政府休息、商店關閉、犯罪率降到零，連武裝叛亂的戰鬥都會休戰。叛軍和國軍都圍在手搖式收音機旁，為同一個人加油。雖然他在二〇一二年連輸兩次，體能狀況已漸不如前，曼尼還是被菲律賓人當作是他們的劉翔、他們的姚明、他們的一朗。他是不請自來的闖入者、是障礙的破壞者；他是前進西方、征服世界的同胞。在這片熱帶落後地區很多人都吃不飽，但他們還是有戰勝的潛力，而他就是活生生的證據。

這可能會讓你想到，要是那些人都能吃飽又會是怎樣。在那些破爛違章裡，有多少個曼尼．巴喬？在雷耶斯主教大道上奔跑，全身瘦巴巴的街邊孩童裡又有多少個曼尼．巴喬？他以前就是那群孩子的其中之一，打赤腳穿梭車陣兜售香菸，每一根賺幾毛錢。現在他的勝利形象凝視著同樣那些街道，而街上也擠滿了不同世代的孩子。也許會有那麼一、兩個，因為看到光禿禿水泥牆上曼尼的臉而受到激勵，靠著希望的力量打出自己的道路，離開這些大街吧。

我在芒果大道上尋找多年前遇到沙皮狗和他十幾歲女伴的餐廳，但現在街道已完全改觀，不復舊貌，幾乎難以辨認。雖然找不到那家餐廳，我在芒果大道上還是不必耗費太多功夫就能找到老白男和菲律賓女孩的配對，這仍很常見。不過我也不再抱持嗤之以鼻的嘲諷態度，過去那種憤慨已經轉變為悲傷，也變得更加好奇。某天早上，我就和這樣一對男女攀談起來。

彼得和瑪蓮和我住在同一家旅館。某天早上，我在旅館大廳看報，他們坐在我附近，正等著車子來載他們。我猜彼得已經五十幾歲了，身材已是中廣型，也開始禿頭了。他穿著一件夏威夷衫和卡其短褲，皮膚曬得有點粉紅，停留在此的外國人差不多都長這樣。他的臉看起來很友善，我聽說他在柏林出生。瑪蓮看起來則三十出頭，眼睛明亮，皮膚是榛子色。她散發出一股母愛的氣息，即使是面對陌生人。在我們交流的幾分鐘之內，我只是提到沒吃早餐，她就勸我要「吃點東西」比較好。

彼得正在回想他們那天要去的地方：「應該是往宿霧北方走，沒錯吧。在那個什麼的上面……親愛的，到底是哪裡？」

「什麼**往**北，就是**在**北邊啦，最頂端。」瑪蓮說。

「哦，對啦，那沒錯。滿遠的，而且名字很難記。到底叫什麼啊？親愛的。」

「達安班塔延，」瑪蓮說：「達—安—班—塔—延。」然後她對我說：「他都來過四次了，還是講不出來。」然後又對他說：「沒錯吧？我的德國人。」

「我還要再加油一下才行。」他不好意思地說。

「我的德國人啊！」她說：「要拿我的德國人怎麼辦才好呀。」

他伸手握住她的手：「你會照顧我呀，親愛的。」

後來我又和瑪蓮講過幾次話，也通過幾次電郵，知道她是一位要扶養兩個小孩的單親媽媽。孩子的爸爸說要去達沃找工作，從此音訊全無。她是透過「朋友的朋友」介紹，才在網路上認識彼得。我猜應該就是某種婚姻介紹的服務吧。我遇到他們的時候，他們已經認識五年了。彼得說他已經離婚，自己一個人住在漢堡的郊區。他定期匯錢給瑪蓮提供「援助」，每年過來一次，停留一個月。

「我愛他。他是個好人。」瑪蓮對我說。

我年輕時對他們這樣的關係很反感，直到今天，當我想得愈是深入，仍會覺得不太舒服。彼得有很多選擇啊，而且他也比較有能力。他是個西方人，按照菲律賓的標準來說就是有錢嘛。相對瑪蓮的農民身分，他就像個皇族。對瑪蓮來說，彼得在德國可能已婚，和他的孩子住在一起，他也可以匯錢援助別的島上的其他女性，甚至援助不同國家的女性。他前腳離開瑪蓮，說不定後腳就去找那些女人。這些都是瑪蓮無法確定的問題。他可以飛遍全世界，但瑪蓮甚至連這個島都離不開。她就是沒辦法啊。也許彼得離開這裡以後，她也不想知道他到底上哪去、都幹些什麼。這樣對她說不定還比較好。

對這種變幻無常的關係，我的態度變得比較寬容。人跟人之間會戀愛、做愛、結婚，以各式各樣的方式在一起，大概都有他們各自的理由吧。如果瑪蓮可以提供彼得安慰和陪伴，而他能給她錢和一些援助，就算一年只在一起一個月，既沒人反對，也不會帶來什麼損害，那我又能以什麼身分評判他們的對錯呢？要是瑪蓮覺得這樣沒問題，我有什麼資格可以提出異議嗎？我上次打聽他們消息時，彼得正出錢為她蓋一間水泥房子，原先那間木屋已經在雨季中毀壞。這花不到他一千美元，但在瑪蓮住的那個鄉下可是最現代化的房子啦。她對此的感激溢於言表。

在我們剛開始對話時，某次她和我說她原本想要認識美國人，不過德國人也差不多一樣好。「外國人就好，」她說：「對吧？我們都想要外國人。」所謂的「外國人」，在這裡指的是「白人」。她說她已經不指望菲律賓男人了，他們從來不會幫助她、為她設想。她覺得外國人「很好看」、「很強壯」，認為他們也一定更聰明，而且更仁慈。

更仁慈是吧？我心想。

那時候我滿想反駁她的，不過後來還是沒有這樣做。如果是以前的話，她說的這些話簡直像在我的舊傷口上抹鹽。不過那些傷口現在已經長好了新皮膚，所以我可以接受瑪蓮說的那些話，不再覺得自己身為男人的價值會因此受到威脅。這層保護膜有一部分來自一位黑人作家——法蘭茲．法農（Frantz Fanon）給我的啟發，他在我出生後兩年過世。某次我在圖書館中偶然看到法農的著作，那真是一種決定命運的相會，是一個心懷敬畏、回顧自己過去的重要時刻。他的那些著作光一個章節就讓我佩服得五體投地，並且從此以後不斷為我破舊立新，讓我感到療癒。

法農是非洲奴隸的後裔，在法國殖民地馬丁尼克（Martinique）出生長大，是加勒比海地區法屬安第列斯群島的七個島嶼之一。這個群島也屬熱帶，和菲律賓一樣：有許多種顏色的沙灘，四面是藍色的海洋，島上滿是棕櫚樹和繁茂的熱帶植被。現存的安第列斯人大都是過去被帶去那裡種甘蔗的非洲奴隸後代。

一九五二年出版的《黑皮膚、白面具》（*Black Skin, White Masks*），法農特別撥出一章來討論法國加勒比海及非洲殖民地中黑人婦女普遍迷戀白人的現象。他寫到有一名安第列斯婦女說她只會愛上白人：「她什麼都不要求，什麼都不想要，只希望生命中可以有一點點白色就好。當她自問是要英俊還是醜陋，她寫下：『我只知道他有藍眼睛、金頭髮和白皮膚，而且我愛他。』」這一章還有一段說黑人女性「都很痴迷地夢想和歐洲白人男性結婚……她們都想要擁有一個白人，一個體面的白人，一定要是個白人。大家的一生幾乎都在等待這種幸運，一種不太可能出現的幸運」。

這些女人也都知道自己不想要什麼。「我不喜歡黑人男子，因為他們很野蠻。」某位婦女這麼說：「這不是說他們像食人族，而是說他們沒教養。」還有一位婦女說得更直接：「我討厭黑鬼！黑鬼很臭！又骯髒又懶惰。連提都別提！」有位受過教育的年輕黑人婦女說：「我們每個人都有白人的潛力，但某些人想忽略它甚至逆道而行。是我的話，就絕對不會嫁給黑鬼！」

如果前殖民地的黑人婦女排斥自己種族的男人只是偶爾發生的情況（且持續偶爾發生中），近代被西方人主宰地區的黃色及棕色婦女也只是偶爾排斥自己種族男性的話，那麼這種排斥現象或許跟膚色的關聯不大，主要是基於利益上的考量。然而擁有「一點白色」就代表擁有權力和特權的機會，而擁有權力和特權的人也會變得比較漂亮。那些被排斥的男人的膚色（或說是種族或族群）則代表艱困和軟弱，這會讓那些男人**不受歡迎**。這個詞又出現了！那個讓我年輕時非常困惱的詞。我們這些被排斥的人不是因為自己犯了什麼錯才遭到拋棄，只是因為出生在一個被征服、被打敗的種族之中，如此而已。

我發現這樣的事一而再、再而三地出現：我在探索男性氣概的價值時，會發現一條新路徑，但後來就知道其實那條路黑人早就走過了。在這個「新世界」，早在亞洲移民到來的三個世紀半之前，就有很多很多非洲人先過來了。對於那些把他們牢牢釘在底層的力量，黑人抗爭的時間更長，也更為艱苦。

「我是個男人，就算身邊有人偷偷或公開地否認我的男子氣概，我還是知道自己就是個男人。」杜波伊斯（W.E.B. Du Bois）這麼說，他是美國第一個獲得哈佛博士學位的黑人。

所以我把非洲裔美國人爭取權利的故事，當作是穿越沼澤險地的求生指南。這個故事的最後一章讓我驚訝地發現某些新的可能。我在二〇〇七年還覺得不可能的事，結果歐巴馬在二〇〇八年就當選總統！這讓我的想像力敢奔馳到過去不敢想像的地方。我這輩子能不能看到一個真正有能力挑戰大位的亞裔總統候選人？還是要等到我的孩子那一代？這個狀況需要文化意識的巨大飛躍，而美國人如今也顯示出他們具備如此飛躍的能力。

不過到時候，也許整個種族概念又會（再次）顛倒過來，或是進一步被分解成不同的支脈。我們現在談論的種族，過去人們已經做過嚴密的探索，但它的意思是指群集還是生態群？這是生物分類還是文化分類？是屬於政治實體還是某種醫學上的類別？是社會學上的群體還是單指某個地區的人口？我們說的是膚色、髮型、鼻子及眼睛形狀，還是指骨骼架構？是關係到國籍、民族、政治派別還是地理淵源？是一個獨特的群體，或是連續體中幾個可以分類的變異群？

到底是以上皆非，還是某些時候某些描述屬實、某些時候又不是呢？任一描述會不會在某些情況下是對的，某些情況下又是錯的呢？也許我們會根據它千變萬化的性質，以談話對象和時間點的不同而改變我們談論時的字彙意涵。

西方知識份子花了幾世紀闡釋「種族」是什麼：具有特定特徵及不同演化階段的獨立人群，其中某些比較先進，某些比較落後。然後經過漫長時間，常常看到有人出來懺悔，學者和科學家又在二十世紀後半期宣稱「種族」純粹是文化建構，跟生物基礎沒關係。到了二〇〇〇年完成人類基因組圖譜，這個問題似乎才一錘定音。「人類基因組計畫」團隊的負責人，遺傳學家法蘭西斯・柯林斯（Francis Collins）當時在柯林頓總統旁邊宣布說：「種族概念沒有遺傳或科學上的根據。」

種族死了！結案！

是這樣嗎？還是有許多人希望做出區別，包括：遺傳學家、演化生物學家、法醫人類學家、免疫學家、流行病學家、運動生理學家和社會學家都堅稱，這個概念在他們的工作中非常有用，而且還有很多別的好處。也就是說它具有實用上的價值。

比方說，法醫人類學家認為，人類通常可以根據不同的人體特徵做分類，從這些特徵可以判定不同的地理淵源，有助於辨別人體。這些地理淵源大概就是我們一般認為的「種族」。執法機關堅持以「種族」來描述嫌疑人，這不但可以縮小搜查範圍，而且一直以來都是很有效的做法。流行病學家提供令人信服的證據，表明某些疾病會特別針對特定族群，而且有很多例子顯示這些族群與公認的「種族」大致相符，因此根據種族來分類對於這些需要及研究治療非常重要……等等等還有許多例子。

但在那個重大宣布的兩年後，遺傳學家柯林斯的看法卻變了。他在一本醫學雜誌上寫著：「說種族或種族淵源欠缺生物根據，這種說法並不精準，不完全正確。」之後又在電台節目上說：「關於種族和遺傳，我們發現了兩個重點。第一個是我們每個人都很類似，令人難以置信地相似；不過你也可以說，即使其間的差異非常少，總是可以找到不同的地方。」

我猜，像這樣的小小差異就足夠讓大家在日常對話中繼續引用種族類別的說法，我這輩子大概只能看到這樣的狀況吧。而且也不只有一般人會這麼說。外界指稱種族因素讓歐巴馬總統飽受批評，他在回應大衛・賴特曼（David Letterman）時笑說：「重要的是大家得知道，我在參選之前真的是個黑人啊！」而柯林頓總統即便在基因組圖譜完成後，為「我們都是一樣的人」發表了令人振奮的演說，但他仍在幾次公開場合強調自己是「白人」。

就目前來說，在我們大家找到更明智的身分識別方式之前，我想我會繼續是個亞洲人。雖然我還有很多不同的身分：作家、老師、懶鬼；神祕主義者、冥想者、罪人；丈夫、父親、浪蕩子；移民、公民、異議者；菲律賓人、美國人、他者。但我和無數人、無數機關組織聯繫時，我首先是個亞洲人。就算我自己注意力不太集中或為生活奔忙時會忘記，但某些人或某些事總是會提醒我。

日前我去了一家新的牙醫診所，又要填寫給初診病患的病歷卡。所以我就看到啦！就在第一頁，有個方格專門用來辨識我的種族身分。上頭寫說：「請勾選最合適的選項。」我找得到那個合適選項是什麼，但不免也稍稍懷疑一下，這跟我右上顎第三顆臼齒的裂紋有什麼關係。顯然我的新牙醫也反對法蘭西斯．柯林斯的人類基因組宣言囉。不管我那一天想的是什麼，也不管當時我具備什麼樣的身分，在牙醫診所裡我都不得不先想起自己屬於什麼種族。還有很多類似的表格，比方說我第一次去做結腸鏡檢查之前，在我的腸胃科醫生那裡也有啦；在我申請新駕駛執照時的監理所也有。反正它們每隔一段時間就會出現。

就算我人在亞洲，也照樣被提醒。我在宿霧的時候，在飯店附近碰到一個賣吃的小販，他用當地的維薩亞斯方言和我說話，我根本聽不懂。我說我是美國人，他用口音很重的英文說：「哎呀，對不起。你看起來不像美國人啊！」我問他那我像什麼？「你知道的，就亞洲人啊！菲律賓人！」這麼說也沒錯啦。那一週稍晚，我問餐廳服務員說菜單上的「鮮魚特餐」是什麼魚。但他好像不太想說。

「是什麼魚啊？」

「就魚啊。」

「好吧。是鹹水魚還是淡水魚？」

「就是……魚嘛。」

「可是……」

這時候有個菲律賓伴遊轉過身碎碎念，好像在罵我。我不覺得自己問的問題不合理，我只是想知道食物是從哪裡來的嘛，但她認為我這是在擺架子。「別跟個外國人一樣，你又不是外國人！」她說：「Ang iyong dugo ay mula dito. 你的血是從這裡來的。永遠不要忘記！」

各位要是沒注意到，容我提醒一下：在餐廳罵我的是個女人，而且是個年輕女人。雖然她的說法讓我不快，但並不是因為她是個女人。因為，各位也知道，在現代社會裡，一個真正的男人也可以接受女性權威而不會覺得沒面子。所謂「當個男人」的意思已經有很大的改變，而且還一直在變化中。在已經開始賦予婦女應得權益的美國和世界其他地區，正面臨重新改造的過程。如今在這些比較進步的地方，當個真男人的意思，就是在謹記自己有卵蛋的同時，也把女人視為平等的夥伴。

堅強有力仍是男子漢的理想，但不再是男性專屬，也不再只有二十世紀中期約翰．韋恩（John Wayne）那種激烈爭鬥、不受任何限制約束的方式。就像「種族」的定義已經分裂成許多種一樣，所謂的男子漢也能容納愈來愈多不同的特質。在關鍵時刻、危機關頭，一個堅強有力的男人可以表現出過去韋恩式的男子氣概，但他也可以運用來自錢包或企業層級帶來的力量，或憑著自己的智慧、知識或創造力來展現力量。這是男性最近開始包容「脆弱」以後，才衍生出來的概念。男人可以擊鼓呼應古老的原始節奏，探索深層的悲傷，甚至在女人和小孩面前哭泣。他們也可以吹奏薩克斯風來確證自己的靈魂。就像泰迪．羅斯福（Teddy Roosevelt）展示打獵戰利品，表現出他那個時代的美國理想男性一樣；比爾．柯林頓吹著爵士薩克斯風，說：「我可以感受到你的痛苦」，也成為他那個時代的典範。

巴拉克．歐巴馬是全世界上最有權勢、也最受尊敬的人之一，他對群眾說他最重要的角色不是擔任三軍總司令，而是當個**好爸爸**。對他來說，生活就是「圍繞著我那兩個小女兒打轉」。成熟和慈祥的父愛好像也和我所說的那些男性特質結合起來了，軟硬兼備，內外皆美。在必要時強加意志，在適當的時候昇華自我。

這讓我懷疑，西方是否在不知不覺間也慢慢轉向中國古代的**文武**觀念。各位還記得嗎？這個觀念闡述理想男性必須兼具武術能力，又能在日常生活中表現出讀書陶冶的柔和男性氣質。它推崇的是謙卑、憐憫和克制，把智慧和同情視為最高成就。西方經由武力和更有力量的流行文化，把文化轉移到東方。但東方傳統是否也可能經由文化滲透的方式（雖然較慢也較不明顯），逐漸地滲透到西方呢？西方多層次的男性觀念，會不會也受到看不見的東方暗流的影響和改變？

後來麥哲倫終於開始吸引大量現金流過來了。麥克坦沿岸都是嶄新的高級渡假村，並且提供往返巴士載旅客去麥哲倫紀念碑遊覽參觀。紀念碑周圍那一大片地方，現在叫做「麥克坦聖殿」（Mactan Shrine），已經變成一座觀光園區，有大門進出口，小路鋪上水泥，園內設置禮品店、飲食攤、歷史遺跡解說牌以及種植本地植物的植物園，樹上都有牌子標示品種。這些都是為了方便觀光遊覽所設。

我在聖殿園區待了幾小時，看到旅遊大巴士不停開過來。大多數遊客都是中國人，這是幾十年前看不到的景象。現在園區裡幾乎都是中國人，不是華裔的菲律賓人喔，雖然菲律賓的確有很多華人，不過這些遊客幾乎都是從中國來的，講中國話、帶著中文旅遊指南，有很多人甚至帶著中國製的餐盒自己帶食物進來吃。

許多年來，菲律賓人都因為國內華人愈來愈多而憂慮苦惱，某些人甚至說菲律賓正慢慢變成中國的殖民地。菲律賓的經濟由華人所主宰控制。某位學者的研究指出，純種華人（父母皆是華人）雖然只占菲律賓人口的一%，卻控制了六〇%的經濟。二〇一二年時，菲律賓的十五位億萬富豪中，有九個是華人，而且其中有六個在中國出生。華人的宗族觀念強烈、聯繫緊密，華商的買賣交易、人際網路、經營策略幾乎都是靠「關係」，也就是跟華人傳統有關的聯繫。於是華人一個拉一個地往上爬，而本地人就灰頭土臉啦。

東南亞各國也都出現同樣的情況。雖然西方人還在說中國是即將到來的巨人，但周邊國家早就看到一大堆華商入侵，而且已經把本地人都打趴囉。

那天園區裡的菲律賓員工就有這種感覺，某些人甚至毫不掩飾地蔑視「印支客」（Intsik；塔加拉語的「中國人」）。「Putang Ina ng Intsik！他們現在有錢了，個個都像大爺。」某位員工對我說，他轉頭四處看了一下，確保沒人偷聽他講話：「叫你走過來、走過去，要你拿這個、拿那個，好像他是你老闆一樣。馬的他們才不是我老闆。快滾！印支客！」

我看到很多在園區四處走的中國遊客，身邊都跟著菲律賓男孩幫他們撐著大傘遮陽。他們皮膚白皙一向是中國精英的偏好，現在一大堆自以為是精英階層的中國人當然也不例外。他們泛白的淡膚色和菲律賓工人的摩卡色調形成強烈對比。那些撐傘男孩跟著主人的腳步跑得滿頭大汗，用塞在褲子裡的抹布擦去汗水，眼裡卻滿是憂心掛慮。只要能拿到一次豐厚的小費，就能吃上一週的飯啊！

某一群中國遊客要我幫他們拍照。他們總共有六台相機，每個都想要拍一張照片，所以他們不停地說：「再一張、再一張」，邊換位置、擺姿勢，玩得很開心。後來，裡面有對體面的夫婦問我可不可以幫忙丟掉他們用塑膠袋裝起來的垃圾。沒等我回答，就把那包垃圾塞給我。我這時才想到：他們大概以為我是這裡的員工吧。

在中國迅速發展的許多地區，菲律賓人和印尼人都是受歡迎的幫佣人選。富有的中國家庭會找菲律賓人和印尼人住在家裡，負責打理家務，例如清掃、看顧小孩、擔任園丁甚至司機。我去香港的時候，某個週日下午就在皇后像廣場看到滿滿的菲律賓勞工聚集在那裡。像這樣的菲律賓勞工在香港大概有十五萬人，形成一個下層的種族階級。他們坐在長椅或席地而坐，吃著用袋子裝的食物，一起聊天談笑，這是他們一整週唯一可以使用母語聊天談笑的機會。

東亞古代的階級制度又要來了嗎？中國人過去自以為是天朝臣民，其他的異族外邦都要朝拜進貢，而外邦異族也靠著臣服天朝來提升自己的地位。鄭和時代的明代自以為天朝富庶，不假外求，所以對其他國家並不感興趣。我想起以前去福建時，某位經濟學教授對我說，中國勢必會回到世界秩序的頂峰。只是時間問題而已。

「我這些茶壺都比你的國家還要古老啊，」教授喝著茶說：「而且它們**非常**堅固耐用。」

我花了不少篇幅談到我跟亞洲其他國家人士的對話，描述我們都是屈服在歐洲和美國殖民者手中，受到惡劣的對待。但我現在想起來，亞洲其實自古以來就有自己的階級制度，把自己的王國置於其他國家之上。在追尋真男人的價值時，我自以為是跟那些王國站在一起，但也許他們並不想和我有什麼關係。

我不是什麼偉大文明的後代子孫啊，而是來自落後的邊緣地帶。和我一樣的人在亞洲大陸只是幫佣階級，「亞洲的黑鬼」我聽到我們自己人這麼說。我雖然從偉大的中國航海家鄭和獲得許多啟發，但鄭和的後代看我這樣子也許只認為我是個家庭幫佣。

麥哲倫紀念碑的尖頂看起來和過去完全一樣，還是覆蓋著一層薄薄的煙灰，四周圍著鐵欄杆，看起來最近才上過漆。一簇簇的遊客聚在一起拍照。紀念碑的外形古怪，彷彿是某座建築遺留下的殘跡，像是一座古老石頭教堂的尖頂刺穿地面，拔地而起。如今這座孤伶伶的尖碑周圍，都是精心維護的花圃。我在尖碑旁邊走來走去，試著從不同角度觀賞它。它有一種簡潔的美感，簡單的造形和直線，讓它看起來很優雅。而時間磨損的痕跡，又讓天然石造的材質帶著某種個性。儘管表面覆蓋著一層薄薄的煙灰，也像是德高望重的灰髮。

西班牙人在一八八六年建造這座紀念碑，但他們也知道自己不會永遠是這些島嶼的統治者，它最後還是會落入當地人的手中。果不其然，才短短十年後菲律賓人就開始爭取獨立。沒過多久，西班牙殖民者就逃走了，但菲律賓人還是讓這座尖碑繼續留存下來，不但沒有破壞，反而加以保護。如今它已成為這片神聖遺址的核心。它的美可能就是源自於此：這段外人入侵的歷史，它血淋淋的結局如今已經化為當地的一部分，不管是侵略者還是捍衛者，現在也都是這片海灘的沙粒。麥哲倫已經成為菲律賓歷史的一部分，那群人的血液現在也和島嶼居民的血液混而為一，幾世紀以來一起流動著。我們可以說，麥哲倫現在也是菲律賓人啊，他也是我這個故事的一部分，也一樣在我的血管裡流動。

我讀研究所的時候，有一位叫荷西的室友，他是從巴塞隆納來的西班牙人。他大概比我大十歲，主修工程，臉色顯得蒼白，戴著後來才流行起來的粗框眼鏡。他比較內向，常常像在想些什麼。某一次他跟我說，他覺得麥哲倫沒什麼好欽佩的，而且他對西班牙殖民主義的過去感到羞恥。「我們西班牙人就是幹遍全世界。」他告訴我：「真的是全世界都去了，而且什麼人都幹。」我有好幾年沒想起荷西，也幾十年沒想到這些話。

因為對過去有了更深入的理解，我才想起這些事。我們大多數人都會帶著過去的遺憾活著，而我也開始想起許多很久以前認識的人，把從前的一些點連成線。我以前到阿拉斯加旅行時，認識了一位叫麥可的人，後來我們一直保持聯繫。他是金髮碧眼的白人，不管坐著還是躺著都不太舒服，因為他身高有二〇六公分。長這麼高讓他常常覺得很尷尬，所以有時他還會謊報說自己只有兩百公分，故意彎腰駝背。某次我們一起去吃飯，在等座位時我們一起站在一面大鏡子前面，但那面鏡子甚至還照不出他的全身。頭被切掉了。所謂的隱形看不見，其實有很多種。

我還有一位朋友肯恩，一直因為自己智商太高而感到羞恥，覺得自己和大家格格不入。他認為自己就是因為「太聰明」才一輩子孤單寂寞覺得冷。我聽他說話，有時覺得他是故意讓自己不快樂。我知道有很多女人會因為自己太胖、太瘦、太矮、長相太平凡而感到丟臉。我也有很多男性朋友和女性朋友都認真地和我說過，說他們因為身為白人而感到羞恥。他們覺得內疚，不想當白人。我去宿霧時曾遇到一位歐洲遊客，她說她對自己身為白人的某部分感到羞恥。她是半個英國人、半個德國人，但她不願接受德國的那一部分，因為：「好吧，我還需要解釋嗎？」很久以來，我一直想不透為什麼有人會因為自己是征服者的後代而感到羞愧，但現在我懂了。我們每一個人都有個深深的洞穴，要靠自己爬出來。

從麥哲倫尖碑向北走五十步，靠近那場歷史戰役發生的淺灘，也豎立了一座拉普拉普的銅像，他是領導戰士保衛家園的原住民頭目。某些故事版本指出，舉起竹矛刺進麥哲倫臉部，最終讓他喪命的就是拉普拉普本人。銅像附近有塊告示牌說他是：「第一個打敗歐洲侵略者的菲律賓人」。

這座銅像二十公尺高，擺出武裝警戒的姿態，右手拎著大砍刀，左手持著盾牌，全身肌肉結實，臉朝著海面望去。那張臉讓我最是難忘。沒有歐洲化的特徵，不會讓人暗地想起藍眼珠的耶穌。那就是一張宿霧島民的臉，正港的亞洲人眼睛、塌鼻粱，顴骨醒目，方頤厚唇。當然，這都是根據當地傳說的猜測和想像，但這樣一張臉顯得很合理。它就是一張原住民的臉孔，是在這些島上誕生出來的。是一張和我一樣的臉。

也許這就是我小時候在自己身上尋找希望時所需要的：遙望一張和自己相似的神聖臉孔，喚起我那早已遺忘的家的感覺。這個想法很誘人，因為它既簡單又浪漫。但我現在認為，我以前在洞底仰望，努力向上攀爬，這段過程也是非常必要的。在那段攀爬的過程中，我發現了洞穴的本質並非我原先想像的那樣，爬出洞穴並不只是長大成人，變成一個男子漢而已，而是成為**命定**的那個男人：基因上與眾不同、詩意地獨一無二、歷史上確切存在的自我。或許看到拉普拉普的形象，望著這個知道自己是誰、為何要做那些事的領導者，可能會讓我更早意識到這些。可能啦。

我最近在書上看到一段描述，只因為看到畢卡索的一幅「亞維農的少女」（Les Demoiselles d'Avignon），法國畫家喬治．布拉克（Georges Braque）的藝術眼光就變得和過去完全不同了。當代詩人大衛．懷特（David Whyte）說他小時候看了一部雅克．庫斯托

（Jacques Cousteau）的紀錄片，後來很努力追求夢想，想要成為海洋生物學家。我記得舒格雷・李奧納（Sugar Ray Leonard）在採訪中曾說過，他小時候曾看過阿里的一場比賽，那時就知道自己以後想要成為什麼樣的拳擊鬥士。我有一位親戚看過電影《教會》（*The Mission*）之後，竟然拋下美國的舒適生活，跑去菲律賓鄉下傳教。我之前也說過，我只讀了法農書中的一個章節，就教我眼界大開、擴展我對世界的理解，真正地讓我獲得解放。這些例子讓我們知道，時機非常重要：揭示必須出現在我們有能力接受的時候，才能感受啟發。

如果一幅畫、一個章節、一段影片就有這種力量，那麼當我因尋求受人尊敬的血統和生命的價值而感到陰鬱之際，一張臉也能提供我所需要的東西嗎？當我小時候在洛杉磯和西雅圖、青少年時期在布隆克斯，或青年時期在奧勒岡和阿拉斯加，企盼能找到一個歸屬之地，讓我得以盡情伸展自我；我想像有這麼一張臉出現在這些時刻的我面前，可能會有用吧。要成為一個有價值的人。我細細琢磨這個想法，這麼簡單的事應該早點開始，朝著恢弘開闊的人生向前走。

Acknowledgments

致謝

謝謝多年給我鼓勵和策略指導（還有昂貴的蘇格蘭威士忌）的 Terry McDermott，我的感謝溢於言表。如果沒有他的話，我也不會認識 Paul Bresnick 和 Deanne Urmy，那麼這本書就不會出現了。我以最深的謝意感謝三位。謝謝許多作家、學者的作品與見解帶來許多幫助：David Wellman、Kam Louie、Ronald Takaki、Richard Bernstein、Sheridan Prasso、Louise Levathes、Richard Steckel、Michael Kimmel、John Dower、Sam Keen和Ian McNeely；感謝許多朋友和同事在本書草稿階段的協助：Steve Podry、Tim Davis、Linda Keene、Brian Lindstrom、Mitchell Fox、Valentina Petrova、Lisa Heyamoto、Deb Merskin、Stephanie Essin、Nora Quiason、Janette Bustos、Lynn Marshall、Tim Gleason、Cecilia Balli、Donald

Katz和Carlin Romano；也要感謝安東尼・盧卡斯（J. Anthony Lukas）獎助計畫、美國夏威夷東西中心、國際新聞中心、菲律賓調查報導中心和奧勒岡大學新聞傳媒學院；最後感謝洛拉，我每天都想你——Salamat（註：塔加拉語的謝謝）。

亞洲男人的美國生存紀事：普立茲獎得主的自我追尋與美國亞裔文化觀察 / 阿力斯・泰森 (Alex Tizon) 著；
陳重亨譯 .-- 初版 .-- 臺北市：時報文化，2018.09　面；　公分 .-- (People；422)
譯自：Big little man：in search of my Asian self
ISBN 978-957-13-7562-5(平裝)
1. 種族問題 2. 族群認同 3. 美國

546.5952　　107016022

ISBN 978-957-13-7562-5
Printed in Taiwan.

PEOPLE 422

亞洲男人的美國生存紀事：普立茲獎得主的自我追尋與美國亞裔文化觀察

Big Little Man: In Search of My Asian Self

作者　阿力斯・泰森 Alex Tizon｜**譯者**　陳重亨｜**主編**　陳盈華｜**責任編輯**　石瑷寧｜**責任企劃**　黃筱涵｜**美術設計**　www.ddd.pizza｜**排版**　薛美惠｜**發行人**　趙政岷｜**出版者**　時報文化出版企業股份有限公司　10803 台北市和平西路三段 240 號 3 樓　**發行專線**—(02)2306-6842　**讀者服務專線**—0800-231-705・(02)2304-7103　**讀者服務傳真**—(02)2304-6858　**郵撥**—19344724 時報文化出版公司　**信箱**—台北郵政 79-99 信箱　**時報悅讀網**—http://www.readingtimes.com.tw｜**法律顧問**　理律法律事務所　陳長文律師、李念祖律師｜**印刷**　勁達印刷有限公司｜**初版一刷**　2018 年 9 月｜**定價**　新台幣 350 元｜行政院新聞局局版北市業字第 80 號｜**版權所有　翻印必究**——時報文化出版公司成立於 1975 年，並於 1999 年股票上櫃公開發行，於 2008 年脫離中時集團非屬旺中，以「尊重智慧與創意的文化事業」為信念（缺頁或破損書，請寄回更換）。

時報文化出版公司成立於 1975 年，並於 1999 年股票上櫃公開發行，於 2008 年脫離中時集團非屬旺中，以「尊重智慧與創意的文化事業」為信念（缺頁或破損書，請寄回更換）。